監修者――五味文彦／佐藤信／高埜利彦／宮地正人／吉田伸之

［カバー表写真］
東京都中里貝塚の貝層（中期）

［カバー裏写真］
猪形土製品（後期）
青森県十腰内遺跡出土

［扉写真］
縄文土器の文様（渦巻文深鉢、中期）
山梨県笛吹市桂野遺跡出土

日本史リブレット 2

縄文の豊かさと限界

Imamura Keiji
今村啓爾

目次

①
縄文文化の誕生———1
地球の運動と気候変動と人類文化／土器出現の状況／土器の起源／河川漁労による定住化傾向

②
縄文的生活の確立と繁栄———21
南九州における定住のはじまり／縄文と定住／北への広がり／繁栄の頂点へ

③
縄文人の生活と社会———40
食料の獲得／狩猟／漁労／植物質食料の採集／衣服と装飾／住居／集落／縄文人の智恵／祭祀と葬送／集団間・地域間の交渉／縄文社会の水準

④
縄文的生活の行き詰まりと農耕への模索———76
安定と不安定／西日本の後晩期／弥生時代の開始／縄文文化以後の日本列島

① 縄文文化の誕生

地球の運動と気候変動と人類文化

地球は一年に一回太陽の周りを回っている。その軌道は楕円《だえん》形であるが、ずっと同じ楕円形を維持しているのではなく、正円《せいえん》に近くなったり、楕円の扁平《へんぺい》度が強くなったりする変化を一〇万年周期で繰り返している。現在地球の地軸はこの軌道面に対して二三・五度傾いているが、それも固定しているわけではなく、四万一〇〇〇年を周期として垂直に近くなったり、傾きが強くなる変化を繰り返している。また地軸の方向も現在は北極星の方向を向いているが、約二万年の周期でコマの首振り運動をしている。そのため、地球のどの面が太陽に向いているときに楕円軌道の太陽に一番近い点を通過するかがゆっくり変わる。

これらの複雑な天文学的運動▲の結果、地球上の陸地が太陽から受ける熱量は変化し、一〇万年をもって一周期とする大きな氷期と大きな間氷期の交替、つまり地球全体が寒冷になる時期と温暖になる時期の交替する大周期を基調とし、

▼**氷河時代の原因の天文学的運動説**　氷河時代の原因が地球の天文学的な動きにあるという仮説は、一九四一年にユーゴスラヴィアのミランコヴィッチの計算によって完成されたが、仮説の域を出なかった。一九六〇年代になって、深海の底で採取されるボーリングコア中の有孔虫の酸素同位体比が注目されるようになる。氷期には海の水が蒸発し、氷床に蓄えられるから、海水では重い酸素の同位体が煮詰まって濃くなる。そしてその濃度は有孔虫の殻を構成する酸素同位体比として記録されるのである。やがてその変化の曲線が地球の天文学的運動周期と一致することが明らかとなり、天文学説が裏付けられた。

それに短い周期で規模の小さい小氷期と小間氷期が重なって現われる。

過去一〇〇万年の間に一〇万年周期の氷期と間氷期の交替を一〇回繰り返したことになるが、一万年前頃に起きた、最後の氷期から、現在われわれがその中にいるところの最後の間氷期▲への交替は、それまでの交替には見られなかった異質な大変化をともなった。人類文化の大発展である。すでに最後の氷期の後半にあたる後期旧石器時代に、人類の文化はそれ以前とは次元の異なるレベルへ進歩していたことを、石器の作り方などに読み取ることができるが、それにつけ加わった自然環境の劇的な好転は、地球上に人類繁栄の時代をもたらすことになったのである。

最終氷期(ヴュルム氷期)の終了は突然起こったわけではないが、一応約一万(較正《こうせい》一万一五〇〇)年前が境とされている。それからまもなく西アジアではムギを栽培しヒツジを飼育する農耕文化が生み出され、中国華北ではアワを栽培しブタ(後にウシが加わる)を飼育する農耕が、中国長江流域ではコメを栽培しブタを飼育する農耕文化が生み出された。農耕牧畜による食料の生産の開始は人間の生活を安定させ、多くの人が一カ所に長く居住することを可能にした。

▼最後の間氷期　地質学では氷河時代を更新世《こうしんせい》、最後の氷期からあとを完新世《かんしんせい》と呼んで区別するが、結局のところ完新世は氷河時代の中の最後の間氷期にすぎない。天文学的計算ではこの最後の間氷期はまもなく終わることになっているが、人類が大量の化石燃料を燃やし大気中の二酸化炭素濃度を高めた結果、次の氷期は来ないのではないかと考えられている。

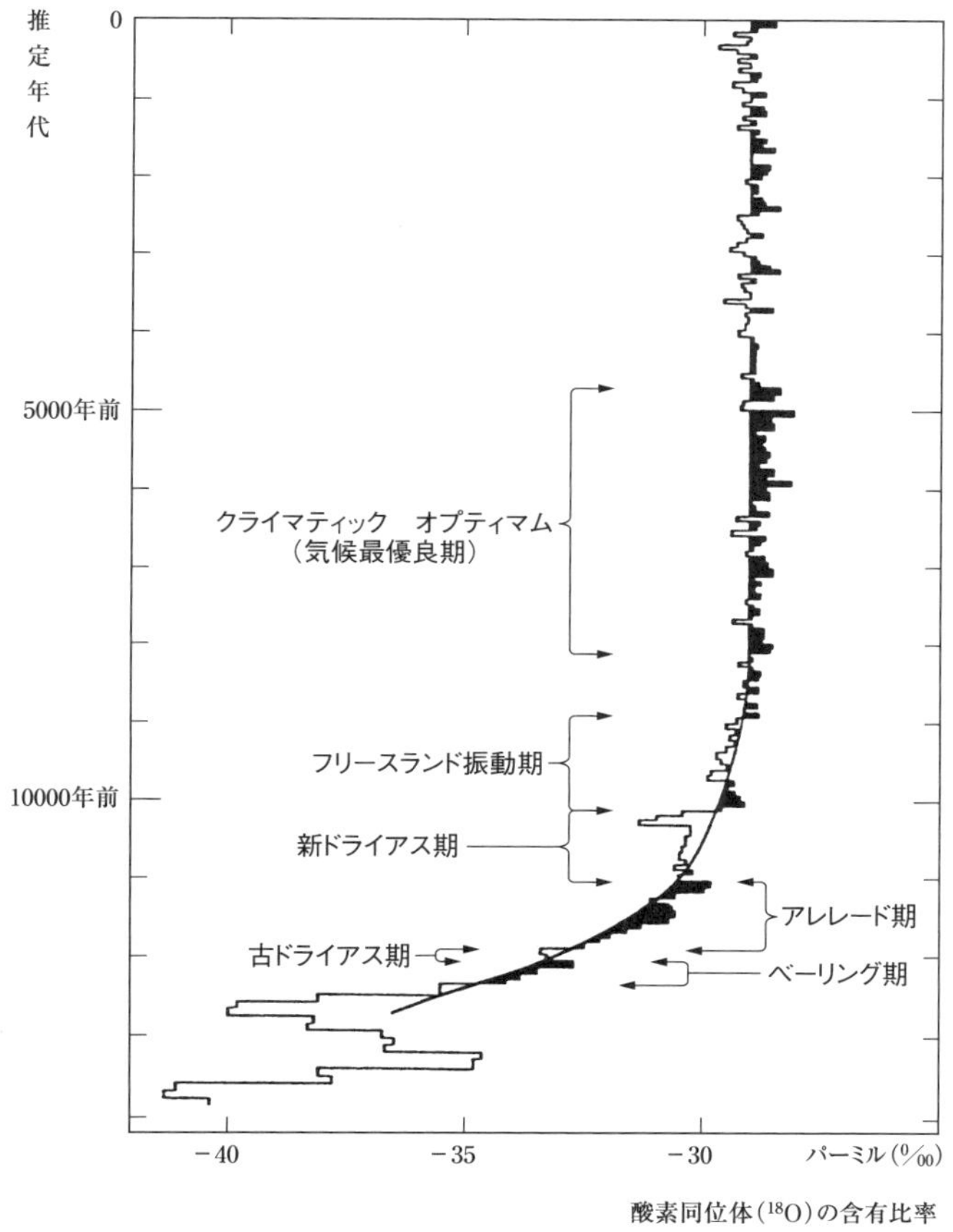

●—更新世から完新世への気温の変化を示す氷床のボーリングコア　グリーンランド、キャンプセンチュリー採取。

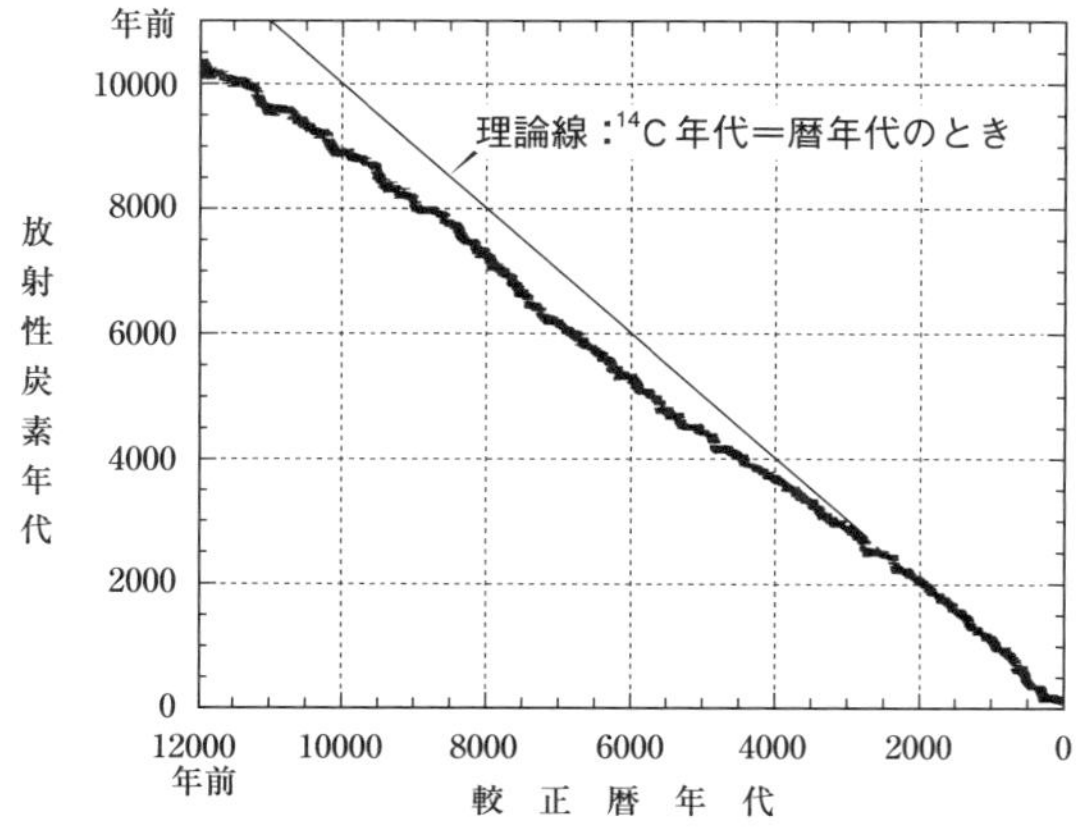

●—放射性炭素年代と年輪などによる較正年代の関係

物質文化が高度化し、人間社会が複雑化する基礎的条件が与えられたのである。そして複雑化した社会はやがて都市と階級と政治的組織を生み出し、食料生産労働から解放された一部の人間は特殊な職務に従事し、文明の専門的分野を担当した。ここに文明▲が生まれ、続いて国家が成立することとなった。文明はしだいに周辺地域にも影響を及ぼし、国家はその領域を広げる必然的運動をともなった。

日本列島が大陸の文明や国家の影響を受けるようになるのはずいぶん後のことになるが、このような人類の文化社会の大変化を引き起こした最初の原因である気候の変化の影響を鋭敏に受けた点ではけっして文明発生地に劣らないし、その影響が早く現われる点では、むしろそれらの地域に先行するものがあるように見える。自然環境の変化が農耕という中間項をはさまずに人間に直接影響したからであろう。その最初の徴候はほぼ一万三〇〇〇(較正一万五五〇〇)年前、時期区分でいうとまだ氷河時代のさなかであるが、土器の獲得と一定程度の定住傾向という形で現われた。

▼**文明**　文明という語は分野によってさまざまな意味で用いられるが、考古学や古代史でいう文明とは、古代世界の四大文明など、農耕の発展によって人口が増加し、都市が形成され、富の蓄積、職業の分化、文字の使用、冶金術や記念建造物の発達、国家の発生などが見られる社会の状態をいう。最近「縄文文明」などという放言も耳にするが、このような定義にはまったくあてはまらないことはいうまでもない。

放射性炭素年代と較正年代

本書の年代は放射性炭素による測定値を用いている。

放射性炭素年代は、空気中の放射性炭素濃度が過去に一定であったことを前提とするものであった。しかし実際はそうでなく比較的小さなずれとそれに重なる小さな揺らぎの繰り返しがあったことが知られている。そのため木の年輪に沿って採取されたサンプルなどによって実際の年数に較正することが行なわれるようになってきた。

この較正によると縄文時代の始まりや氷河時代の終わり頃の本当の年代は、放射性炭素濃度一定の仮定に基づく年代より一五〇〇〜二五〇〇年ほど古くなるという。

ただその較正も古くさかのぼるほど不確実であるし、従来は較正されない年代で議論が行なわれてきたいきさつもあるので、較正年代に切りかえるのは時期尚早と考え、本書では較正しない年代を用いる。

ただし第四紀学会では較正年代を意識的に推進しており、二つの年代の関係を理解していただく必要があるので、本書では主だった年代については較正した概略の年代をカッコ内に示すことにする。

日本の時代区分と世界の時代区分の対比

日本考古学の時代区分と世界的な時代区分の関係は、一般の人にはわかりにくいと思われるので簡単に整理しておきたい。

日本の考古学では、旧石器時代(または岩宿時代または先土器時代)―縄文時代―弥生時代―古墳時代、という日本独自の時代区分が行なわれており、世界的には旧石器時代―(中石器時代)―新石器時代―青銅器時代―鉄器時代という区分が標準である。

縄文時代は土器の出現で画され、弥生時代は水稲耕作の開始、古墳時代は前方後円墳という政治的統合を示す首長墓の成立によって画される。

旧石器時代は本来地質学の更新世(氷河時代)に属し打製石器だけを用いた時代とされたが、日本のように更新世に磨製石器を使用した地域もあるので、現在の定義としては更新世(一万年以前、較正一万一五〇〇年以前)に属する人類文化の時代となる。新石器時代は本来磨製石器の使用された時代という定義であったが、その後農耕牧畜という食料生産の開始が人間の歴史にとって非常に重要であるという認識から定義の内容が変わった。また更新世の次の完新世に入っても先進地域以外では農耕牧畜の開始が遅れたので、その部分が中石器時代と呼ばれることになった。

日本の時代区分と世界の時代区分を対比すると、日本では土器の出現が一万三〇〇〇年前までさかのぼるので、縄文時代の最初の部分(草創期)は、世界的時代区分の旧石器時代に入ってしまうことになる。縄文時代以前を「旧石器時代」とする現在日本で一般に行なわれている時代区分では、「旧石器時代」という言葉を海外と別の意味で使っていることになり混乱のもとである。よって「旧石器時代」は世界的用語として海外と同じ意味で使うことに限定し、日本の時代区分では旧石器時代相当で土器出現以前の部分を「先土器時代」と呼び、土器出現以後を「縄文時代」と呼ぶのが簡明である。縄文草創期は土器があるにもかかわらず世界の旧石器時代末期に相当する。

なお佐原真氏の再提唱いらい「先土器時代」と同じ意味で「岩宿時代」という言葉が広く使われるようになってきたが、考古学者以外の人や外国の人に直接意味がわかるのは「先土器時代」である。

独自の歴史の変遷をたどった日本列島で中石器時代、新石器時代という言葉を用いる必要はない。しかし旧石器時代を日本に対比させたように、中石器時代、新石器時代についても対応関係を説明する必要が生じるであろう。その場合、今のところ食料生産が確認されていない縄文早期が中石器時代にあたり、縄文的な食料生産の始まることが確かな前期からが新石器時代に相当することになろう。しかしこの「新石器時代」は本文で述べるように、西アジアや中国の、穀物すなわち草本の種子の栽培に依拠する草原性の新石器時代とは異なって、主に森林の資源を独自の方法で増殖する新石器時代であり、「森林性新石器時代」と呼ぶべき独特のものである。そして森林への適応という点で共通するため、早期と前期以降がきわめて連続的である。右記のように中石器時代、新石器時代に対応させるとしても、その境はきわめてぼやけたものとなる。

最後に日本の時代名とそれを世界の用語で書き直したものを括弧内に記し、世界の時代区分と対比して示す。

日本	先土器時代	縄文時代草創期	縄文時代早期	縄文時代前期～晩期		弥生時代
	（先土器旧石器時代）	（土器をもつ旧石器時代）	（中石器時代？）	（森林性新石器時代）		（鉄器時代）
世界	旧石器時代（後期）	旧石器時代末期	中石器時代	新石器時代	青銅器時代	鉄器時代

土器出現の状況

ここから日本を含むアジアの東北部に視野を絞り、すこしさかのぼって土器出現前夜の様子から見て行こう。

後期旧石器時代後半、日本、東ロシア、朝鮮、中国北部の地域に細石刃《さいせきじん》文化が分布した。細石刃というのは幅三〜八ミリ、長さ二〜五センチほどの小さく薄い短冊《たんざく》形の石片のことで、骨製の軸に溝を彫り、そこに多数はめこんで刃として使用したものである。小さな石片を石核《せっかく》から連続的に剝《は》ぎ取るには、高い技術と計画的な作業が必要であり、湧別技法《ゆうべつぎほう》▲と呼ばれるものなど特殊な技術によって、クサビ形に整形された石核から細石刃の剝離《はくり》が行なわれた。荒屋型《あらやがた》彫器《ちょうき》▲と呼ばれる石器をともなうのが普通である。

日本列島の細石刃文化は、北海道で早く、二万年前頃には始まっていたことが、千歳市柏台《かしわだい》I遺跡の調査で恵庭《えにわ》a火山灰▲の下から細石刃が発見されたことによって確認されている。その頃の細石刃製作を見ると、始めは普通の大きさの石刃を剝ぎ取り、工程が進み、石核が小さくなると細石刃が剝離されたことがわかる。石刃製作と細石刃製作が未分化なのである。だからあるとき完成し

▼**湧別技法**　細石刃を計画的に剝離する方法のひとつ。石槍形の両面加工素材を作り、縦方向に削片をとることを繰り返して打面を作り出し、そこから連続的に細石刃を剝離する。峠下《とうげした》技法、オショロッコ技法などさまざまなバリエーションがある。

▼**荒屋型彫器**　つまみやすいように形を整えた石器の上端に斜め上方から打撃を加え、彫刻刀面を作ったもの。湧別技法や荒屋型彫器は東北アジアに広く分布するから、日本で発明されたというより大陸から伝来したと考えるのが自然であるが、日本での研究が先行したため、日本の発見地の名称が用いられている。荒屋は新潟県内の遺跡名。

た細石刃技術が大陸から伝播《でんぱ》してきたというよりも、北海道を含む東北アジアの広い地域で育まれた細石刃技術の一翼を北海道が担っていたといったほうがよいかもしれない。このころ本州や九州ではまだナイフ形石器が盛んに製作されていた。当時北海道は、アジア大陸から樺太《からふと》を経て南に伸びる半島の南端に位置した。北海道と深い津軽海峡で隔てられた本州にはまったく違う石器文化が広がっていたのである。マンモス▲の一種も北海道まで南下したが本州には至らなかった。

本州・九州においても一万四〇〇〇年前頃には細石刃文化に移行するが、この地域の初期の細石刃文化はクサビ形細石核や荒屋型彫器をともなっておらず、それが来た系統は不明である。しかしまもなく明らかに北方系の細石刃文化が、それらをともなって北海道から津軽海峡を越えて主に日本海側を南下し、すくなくとも岡山県に達したことが知られている。

ここまでの段階では日本でも大陸でも土器が一緒に発見された例は知られていない。将来の発見の可能性まで否定はできないが、細石刃文化の本体は土器以前の文化と言ってよい。しかし土器がどのようにして出現したのかを理解し

▼恵庭a火山灰　恵庭岳の噴火で放出された軽石層。一万七〇〇〇年前頃と推定されている。なお柏台遺跡の炉に残っていた木炭の年代測定値は約二万年前である。

▼マンモス　寒冷気候に適応し長い体毛を有する象で、氷河時代の末期に絶滅した。北海道にはその一種であるプリミゲニウス象が進入し、本州には別にナウマン象と分類される象がいた。

ようとするとき、その前夜に東北アジアと日本の間に連動して起きていた文化の動きに十分注意しなければならないであろう。

次の土器が出現する段階になると事態は複雑化する。研究状況は流動的で意見も分かれるが、本州には大きく分けて二種類の石器群が存在し、複雑な動きと相互の交渉関係をもったらしい。

第一は、前の時期から続くクサビ形の細石刃核をもつものであるが、細石刃は量的に少なく、荒屋型彫器は脱落し、石刃技法は顕著でない。新たに中型〜小型の石槍をともなう。重要なことに、ごく少量の土器をともなうことがある。神奈川県の月見野上野《つきみのかみの》、勝坂《かつさか》などの遺跡が知られている。

第二は、本州の中部・北部に多くの遺跡が知られている神子柴《みこしば》文化▲と呼ばれるもので、大型〜中型の石槍、片刃の石斧《せきふ》(刃部周辺を研磨したものが多い)をもち、石刃技法が顕著である。細石刃がともなう可能性はあるがはっきりしない。稀にわずかの土器片をともなう。

この二つの石器群を較べると、第一の群が細石刃を有するため土器以前の細石刃文化に続き、第二の石器群に先行するように見えるかもしれない。しかし

▼神子柴文化　普通は神子柴・長者久保《ちょうじゃくぼ》文化と呼ばれる。長野県神子柴遺跡と青森県長者久保遺跡を標識とし、大型の石槍、片刃の磨製石斧や円鑿《まるのみ》形石斧、石刃製の彫器や掻器《そうき》を特徴とする。設定当初は土器をともなわない文化とされていたが、後に青森県大平山元《おおだいやまもと》遺跡などで少量の土器をともなうことが明らかになった。

▼隆起線文土器　草創期の土器の一種。粘土紐を貼り付けて文様にするためこの名がある。年代的に変化し地域差もあるので型式群とみなすほうが適当である。草創期から早期にかけての議論では、隆起線文土器、爪形文土器、押圧縄文土器、撚糸文(系)土器、貝殻沈線文(系)土器など、複数の型式を大きくまとめた○○(系)土器の名称で呼ばれることが多い。三〇ページの頭注「型式」を参照。

細石刃は九州で次の隆起線《りゅうきせん》文土器▲の段階にも残るから、細石刃の存在はこの群を古く位置付ける確かな理由にはならない。むしろ隆起線文土器にともなう有《ゆう》茎尖頭器《けいせんとうき》▲に近いものをともなうことは、新しい要素と評価できる。第二の群も石刃技法の顕著な存在という点では第一の群より古くみえる要素があるものの、片刃の石斧や石槍は本州の隆起線文土器の段階に残る。

次の隆起線文土器にともなって本州では石槍と片刃石斧、北九州では細石刃が見られるから、ひとつ前の土器出現期にも同じような石器の分布が想定できるかというと、そうもいかないのである。九州にも佐賀県多久三年山《たくさんねんやま》遺跡▲のような神子柴系とみられる石槍製作址があり、さらに南の種子島《たねがしま》の園田《そのだ》遺跡で神子柴文化の系統と見られる大型石槍がまとまって出土していることは、第二の群が九州を通過して種子島に至ったことを示すし、月見野上野の細石刃も、それが主体的に存在した九州方面までつながるものかもしれない。

以上のような把握のしかたでよいのかどうか筆者にも十分自信はないが、一般の読者には、一万三〇〇〇年前以前の土器をともなわない細石刃の段階と、一万二〇〇〇年前以後の隆起線文土器が本州と九州に広く見られるようになる

▼有茎尖頭器　有舌尖頭器とも呼ぶ。小型の石槍形の石器で基部が着柄のために細くなる。投槍という意見が強いが、小型の有茎石鏃と明確な境界はない。

▼多久三年山遺跡　佐賀県多久市にある。讃岐岩の産出する鬼ノ鼻山の北方にあり、この石を材料とした石器製作址。大量の石槍と剝片が出土している。近くに類似の多久茶園原遺跡がある。年代には諸説あるが、神子柴系の石槍製作址とみるのが適当であろう。

段階の間が土器の出現期で、そこに大きくいくつかの流れに分かれる石器群があって、まれに少量の土器をともないながら複雑に交錯したと理解すればよいであろう。

土器の起源

一九八〇(昭和五十五)年頃までこのような日本最初期の土器の古さは、先進地域とされる西アジアでも一万年を越えないことに比べてはるかに古く、アジアでも孤立したものであり、年代に疑念を抱く意見も少なくなかった。しかし現在ではアムール川中流域のガーシャ、フミなどのオシポフカ文化▲の遺跡で、日本列島と同じ古さの土器が検出されはじめてきたため、土器の起源の問題は従来と違って、東北アジアのどこでそれが生み出され、どのように広がったのかと設定されることになった。

オシポフカ文化には大型の石槍とクサビ形の細石刃核など、日本の土器出現期の石器群と共通する要素があるが、大型石槍と細石刃、石刃が共存することは、日本の二つの石器群いずれとも違っている。また日本の神子柴石器群に特

▼**オシポフカ文化**　アムール川に沿うハバロフスクのオシポフカ遺跡は一九五〇年に発掘され、土器以前の遺跡とされた。しかし一九八〇年代からガーシャ、フミなどアムール川流域の遺跡で、同種の石器に土器がともなうことが確認された。土器は条痕文をもつ平底の土器で、日本の初期の土器と似ているとはいえない。放射性炭素年代で一万三〇〇〇〜一万一〇〇〇年前の値が出ている。

●—東アジア各地の遺跡から出土した初期の土器とともなう石器(大貫静夫1999)

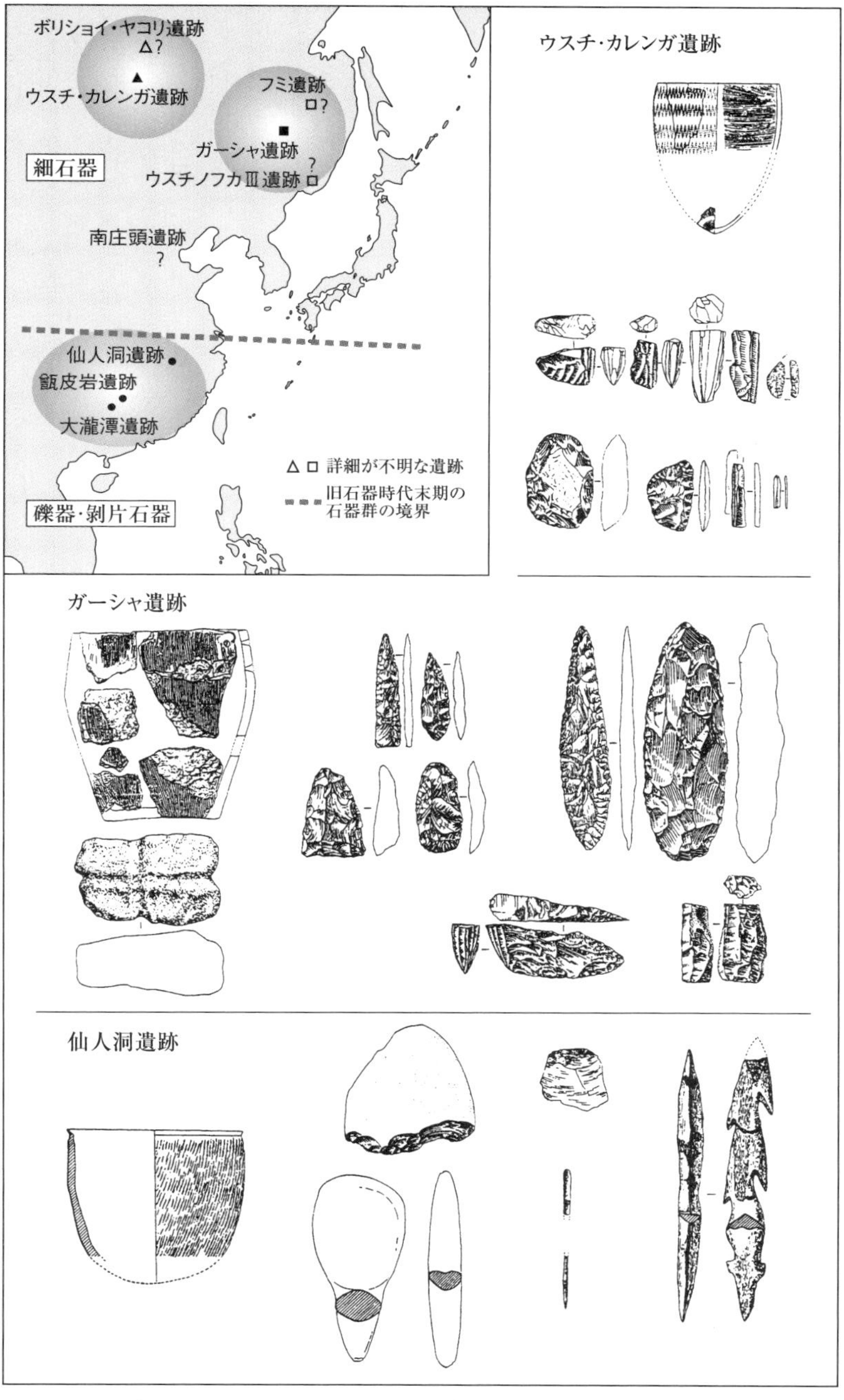

▼片刃の刃部磨製石斧　神子柴文化を特徴づける石器に片刃あるいは円鑿形の斧があり、刃部周辺が磨研されたものが多い。この石器の起源をロシアのバイカル地域のイサコヴォ期に求める意見もあったが、それは時代がずっと遅れるので無理である。日本以外で同時期の同様な石器は知られていないが、日本では先土器時代の前半に刃部磨製石器があり、片刃のものも知られている。

徴的な片刃の刃部磨製石斧▲は見られないようである。したがってオシポフカ文化がその石器群と土器をともなって日本列島に伝播したというような単純な説明は不可能である。

両地域の中間にある樺太と北海道に関連する遺跡が少ししか発見されていないことも、この問題を解決するうえでの障害となっているが、日本列島内における複雑な文化の交錯状況から拡大解釈して、東北ロシアと日本列島を含む広い地域に一定の共通性と同時に一定の変異をもつ石器群が複数存在し、相互に活発な動きや交流を行なっていたのであろう。その相互交渉の中で土器作りの技術が急速に広く伝播したと想定したい。

土器の起源地がどこであったかを突き止めるにはまだ相当な時間がかかるであろう。そうであるとしても、世界最古の土器が東北アジアの複数の地点で同時に発明された可能性よりは、一地域から伝播した可能性のほうが大きいであろうし、日本から大陸への伝播より、大陸から日本への伝播のほうが常識的見通しといえよう。とくに先行する時期の文化が日本列島を南下する形勢にあったことからみても、そう考えるのが自然である。しかしこれはまだ十分な資料的裏付けをもたない常識論にすぎない。

河川漁労による定住化傾向

次になぜこの地域で世界に先駆けて土器が生み出されたのかを考えてみたい。北欧で明らかにされた氷河時代末期の細かい気候変動▲が、ロシア極東地域や日本にもあてはまるという確証はまだない。しかしあてはまるとすると、土器の出現は最古ドライアス期以前の、氷期の中にありながらやや寒さの緩《ゆる》んだ時期にあった可能性がある。

オシポフカ文化の土器の出現に関して、ドングリなどのアク抜きによる食用化のために発明されたと想定する意見もあるが、この時期に稚内《わっかない》より北のアムール川中流域に堅果《けんか》類をもたらす落葉広葉樹林の広がりを想定することは困難であろう。

そこで土器が必要によって発明されたという考え方を改め、次のように考えてみよう。土器はあれば便利な道具であるから、それを保持できる条件があれば、保持され発達していったであろう。そして土器を発明するきっかけとなる

▼**北欧の気候変動**　デンマークにおける花粉分析によって区分された名称が用いられる。ドライアス(和名チョウノスケソウ)の増加によって特徴付けられる寒冷期がくりかえし訪れ、最古、古、新ドライアス期と名づけられている。グリーンランドの氷床から採取したボーリングコアの酸素同位体比でもこれを支持する気候変化が認められる。ただし新ドライアス期は南極の氷床コアには認められない。

ような、焚き火などで焼けた土が固くなる体験は原始人には珍しいことではなかったであろう。問題はそれを土器として完成させていく過程の存在を許す条件、つまり土器を保持することが可能な生活形態と考える。動物の狩猟を主たる生業とし、頻繁に移動する遊動的生活では、土器のように重く壊れやすいものは、いくら便利であってもとても保持できない。移動の邪魔になるだけである。であるから、何に使うかは別としても、定住的生活においてはじめて土器の保持と使用が可能になる。

　ところでオシポフカ文化を特徴づける石器の中に網の錘《おもり》とみられる石錘《せきすい》▲(一三ページ図の中段参照)がある。世界的に見てもごく古い漁労《ぎょろう》の道具といえよう。また川に沿った遺跡の立地からみても、河川漁労への適応が進んでいたのであろう。漁労は動物を追って移動する狩猟中心の生活よりずっと長く一カ所に留まることを可能としたことであろう。気候の変化の影響で河川漁労が開始され、一定の季節的定住が始まった。それが土器の保有を可能にした。そのように東アジアにおける土器出現の背景を想定したい。

　実はこの仮説にとって非常によい証拠が日本にあるのだ。土器出現期の遺跡

▼**石錘**　小型扁平な川原石の両端を打ち欠いたり、溝をつけて糸を懸ける凹みを作ったもの。日本では東北日本の早期から多く見られる。

(その中では新しいほうであるが)の一つである東京都あきる野市前田耕地《まえだこうち》遺跡▲は、多摩川のかなり上流で、当時は河川に近接したと推定される遺跡であるが、ここから大量のサケの骨と日本最古級の住居址▲、ごく少量の土器片が見つかった。

秋に遡上《そじょう》するサケを産卵場で捕獲、保存処理した場所とみなしてよい。大量のサケを貯蔵したのならそれを背負って移動生活はできないし、食料が確保されているならその期間は動く必要はない。少なくとも一定期間定住する生活が可能となり、しっかりした構造の住居が作られた。そして動く必要がなくなったので土器を保持することが可能となった。もちろん私はここで土器が発明されたと考えるものではないが、サケ漁と定住性の高まりと土器の使用が、共存しやすい現象であることを実証する証拠である。

従来から初期の縄文遺跡が低い場所に立地することが多いことが指摘され、河川漁労と関係することが推定されてきた。前田耕地遺跡以外で実際に魚骨の証拠が得られたことはないが、この時期に河川漁労が重要になりつつあったことはまちがいない。

氷河期の末期におきた気温のわずかな上昇がなぜ河川のサケ漁に適する環境

▼前田耕地遺跡　東京都あきる野市、多摩川と秋川の合流点近くに立地する遺跡。当時は川から至近距離にあったと推定されている。浅い掘りこみと炉をもつ住居址の内部から無文の土器と七〇～八〇匹分のサケの骨が検出された。遺跡全体として石槍の製作がさかんで、未製品や石屑が大量に出土。

▼初期の住居址　先土器時代の住居址とされるものが各地で発掘されているが、遺跡ごとに形態が異なったりしていて確実とはいえないものが多い。神奈川県相模原市田名向原《たなむかいはら》遺跡では直径一〇メートルの円形に石が置かれ、内部に炉があって住居の可能性が高いとみられている。

●—東京都前田耕地遺跡の住居址と出土遺物

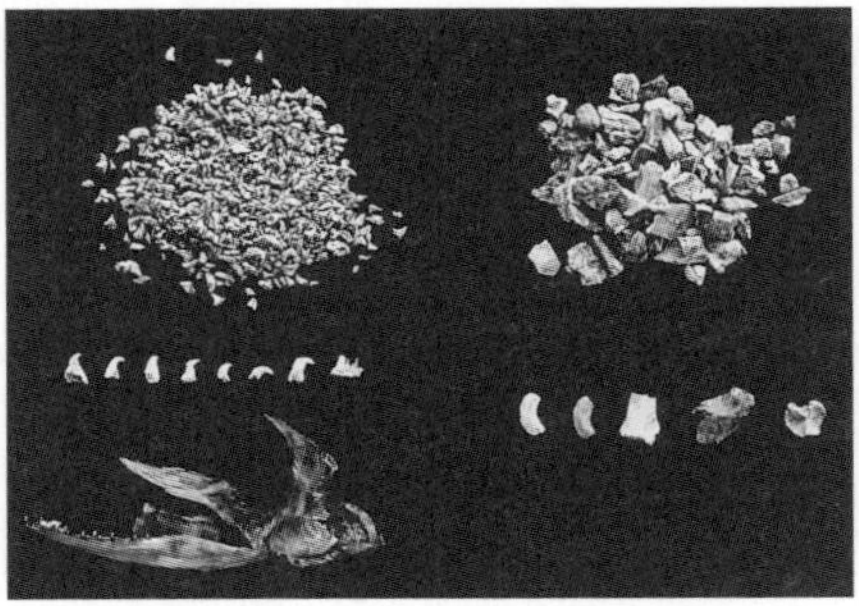

サケの骨

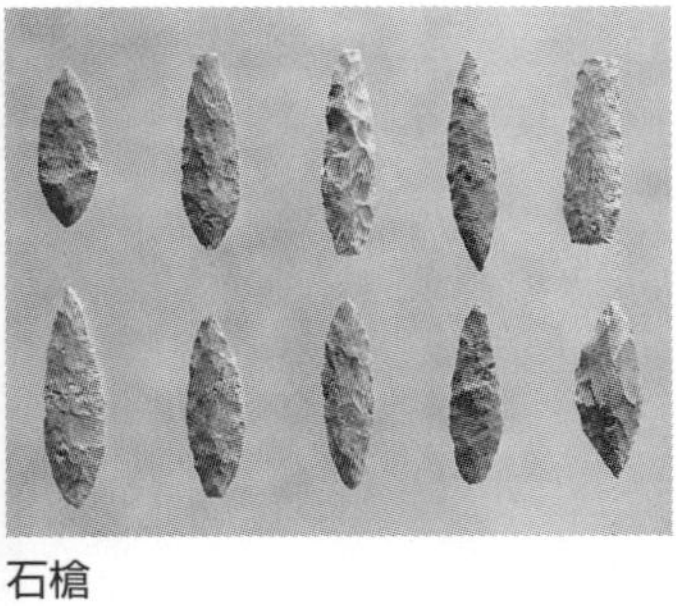

石槍

土器片

をもたらしたのか、すぐに解答を得ることはできないであろうが、氷河時代には地球規模の海流の流れが止まっていたという学説▲との関係も今後の検討課題である。プランクトンは富栄養な深海からの湧昇水《ゆうしょうすい》があるところに多く発生するからである。

このように河川漁労による定住化傾向の増大が土器出現期に認められるが、その定住の程度を過大評価すべきではない。次の時期に見られる、植生の変化によって起こるところの本格的な定住生活や土器の大量使用と比べてみたときに、明確な程度の差が認められるからである。

一万二〇〇〇年前頃になると日本列島の遺跡の数は急激に増加し、多くの遺跡が隆起線文土器と総称される土器をともなっている。しかしまだ一般に遺跡の規模は小さく、土器の量もわずかで、石器は狩猟の道具(漁労にも使用可能か)が主で、植物質食料を対象にするものは非常に少ない。そして竪穴住居の跡らしいものがみつかることもあるが、掘りこみが浅く輪郭のはっきりしない簡略なものである。このような状態は日本列島の広い範囲で、縄文早期▲に移行する九五〇〇年前まで続いたのである。

▼深海流の停止　一九八九年に提出されたW・S・ブロッカーらの説。海洋底に堆積する有孔虫の殻のカドミウム含有量を根拠とする。現在北大西洋で潜りこみ、アフリカ、オーストラリアの南を回って北太平洋で浮きあがる深海水の流れが氷河時代には止まっていたとする。

▼縄文時代の区分　縄文時代は大きく草創期、早期、前期、中期、後期、晩期の六期に区分される。本書で仮に「土器出現期」と呼んでいる一万三〇〇〇〜一万二〇〇〇年前の時期を草創期に含めるかどうかは意見がまとまっていないが、筆者は含める立場をとる。また「草創期」全体を縄文時代から外し、縄文に先行する時期として設定する意見もある。

土器の出現から定住が一般化する早期までを縄文草創期と呼ぶ。しかし草創期にあってもより安定した定住生活を早く獲得していた地域があった。南九州である。この地域では早くも、温暖化する新環境に対する適応が明確な形で認められるのだが、これはむしろ内容的に縄文らしい縄文文化の始まりであるので、章を改めて話を続けよう。

② 縄文的生活の確立と繁栄

南九州における定住のはじまり

近年の縄文文化研究における大きな収穫のひとつが、南九州草創期の解明である。火山国である鹿児島県では一万一〇〇〇年前頃堆積《たいせき》したとみられるサツマ火山灰、六〇〇〇年前頃堆積したアカホヤ火山灰などによって古い遺跡が覆われていたため、草創期遺跡の発見が遅れ、文化的後進地域のようにみられていたが、一度そのような火山灰層の下に遺跡があることが知られると、層位の良好なこともあって、この時期の文化の解明が急速に進展した。

鹿児島県加治屋園《かじやぞの》遺跡▲は南九州でもっとも古い土器をもつ遺跡の一つで、特徴的な技法の細石刃をともなう。

続く隆起線文土器の段階になると南九州では細石刃をともなうことは稀になるが、遺跡数は鹿児島県、宮崎県で急激に増加し、鹿児島県掃除山《そうじやま》遺跡▲、枦《かこい》の原《はら》遺跡▲などで、相当な量の土器があるだけでなく、竪穴住居址のほか煙道つき炉穴▲といった特殊な遺構も見られる。とくに注目すべきは石器の様相で、細石

▼**加治屋園遺跡**　鹿児島市にある。扁平な礫を二分割した面を打面とする加治屋園技法の細石刃と、短い粘土紐を蛇行させて貼り付けた文様の土器が出土。

▼**掃除山遺跡**　鹿児島市にある。サツマ火山灰層の下から多くの隆起線文土器と石器、二軒の竪穴住居、配石炉、煙道つき炉穴などが出土。

▼**枦の原遺跡**　鹿児島県南さつま市にある隆起線文土器の時期の遺跡。船形配石炉などの配石遺構と煙道つき炉穴、多数の集石遺構がある。石斧、石鏃、石皿、磨り石、大量の土器があり、石斧には特徴的な全磨製円鑿形を含む。

▼**煙道つき炉穴**　地面を掘り窪めて火を焚く炉穴の側面にトンネル状の煙出し穴が掘られている。ここに肉をおいて燻製にしたと考えられている。

刃や神子柴文化の石器とはまったく異なり、狩猟用の石鏃、木の伐採・加工を主目的とする磨製石斧、土掘り用の打製石斧、主に植物質食料の処理に用いられたとみられる石皿・磨り石・くぼみ石▲といった基本的組み合わせは、その後の縄文時代一般と変わらないのである。そこには縄文的石器のセットばかりでなく、竪穴住居、定住性、土器の普遍的使用、植物質食料の重要性といった縄文文化の基本をなす要素の組み合わせをみることができる。ただ住居址の発見はまだ掃除山遺跡の二軒だけで、調査された遺跡の数に比較して少ないことに注意しなければならない。土器の形は初め丸底や安定の悪い小さな平底のものであったが、しだいに大きな平底の深鉢ないし円筒形に近い形が多くなる。

同じ時期の種子島の奥《おく》ノ仁《に》田《た》遺跡▲では、大きく厚手の土器の破片が大量にあり、石器についても石鏃は少ないのに石皿が多くある。土器の使用と植物質食料の利用が南九州の本土以上にさかんであったことを物語る。このような生活形態が温暖化の早い南の地域で先に始まったことになる。さきほど土器の出現をもって縄文時代の始まりと定義し、先土器時代と区分したが、生活の形において縄文文化らしい文化は、このように土器の出現後少し経過してから一万二

▼石皿・磨り石・くぼみ石　磨り石を手で持ち、石皿の上でものを磨り潰す。石皿の中央は使用によってくぼんでいる。くぼみ石はクルミなどの硬い木の実を割る道具。力を加える点にくぼみができている。

▼奥ノ仁田遺跡　鹿児島県西之表市。太い粘土紐を貼り付けた隆起線文土器、石鏃、磨製石斧、多数の石皿、磨り石、叩き石が出土し、遺構としては石を焼いて調理に用いたと考えられる集石が多数ある。

●—隆起線文土器　鹿児島県三角山遺跡(縄文草創期)

●—円鑿形石斧　鹿児島県栫の原遺跡(縄文草創期)

●—石皿と磨り石　鹿児島県掃除山遺跡(縄文草創期)

〇〇〇年前頃に南九州で成立したのである。

しかしこのような様相はまだ南九州に限られていたらしい。同じ頃、北九州では長崎県の福井《ふくい》洞穴▲・泉福寺《せんぷくじ》洞穴▲などで細石刃と隆起線文土器の組み合わせが見られ、以北の本州では隆起線文土器と神子柴文化の流れをくむ片刃石斧、石槍、有茎尖頭器、石鏃の組み合わせであって、量的にいっても狩猟用具が中心で植物質食料処理の道具はきわめて少ない。遺跡も小規模で、土器があるといってもその量は限られている。洞穴・岩陰遺跡の比率が高いことは、そのような場所に寝泊りして山間部で狩猟を行なうことが多かったことを物語る。そしてさらに北の北海道に目を転じると、そこがかつて土器作りの伝播経路上にあった可能性があるにもかかわらず、土器を有する遺跡は例外的で、普通は土器をともなわずに有茎尖頭器が見られる状況である。

以上概観したように、更新世《こうしんせい》▲(氷河時代)の末期に地理的位置ゆえに早く温暖な気候と温帯森林の広がりを迎えた南九州が、日本列島の他の地域に先駆けて縄文的生活形態と文化を獲得したのであり、縄文文化の本質を考えるうえで重要な点である。この時期の文化の系統をはるか南の沖縄や東南アジアの島嶼《とうしょ》部

▼福井洞穴　長崎県佐世保市にある先土器時代末期から縄文草創期にかけての洞穴遺跡。一九六〇～六四年に調査され第四層から細石刃が土器をともなわずに出土し、第三層から細石刃と隆起線文土器が出土したことから、縄文時代開始の鍵を握る遺跡として注目された。

▼泉福寺洞穴　長崎県佐世保市にある草創期を主体とする遺跡。細石刃と隆起線文土器が出土し、下層から出土した豆粒文土器はこれに先行するものとされたが、隆起線文土器の一種とする意見もある。

▼更新世　地質学の時代区分では新生代の第四紀が一六〇万年前～一万年前の更新世と一万年前以降の完新世に分けられる。それぞれ洪積世、沖積世とも呼ばれる。前半には氷河活動は活発でなかったが、後半には寒冷な氷期と温暖な間氷期が交互に訪れ、氷河時代とも呼ばれる。完新世は最後の間氷期にあたる。二ページの頭注「最後の間氷期」参照。

▼新ドライアス期　一五ページの頭注「北欧の気候変動」参照。

に求める意見もあるが、細石刃や土器作りの技術は北から下ってきたものであり、さらに南方の地域にもっと古いそれらの起源となりうる要素はまったく知られていない。土器出現期に南下した文化が温暖な環境に遭遇したとき縄文的生活形態が形成されたとみるべきである。

このような生活形態は、当然のこととして、その後の自然環境の更なる温暖化とともに北上することになる。ただし本格的な北上までにしばらく時間があるのは、北大西洋で起こった新ドライアス期▲という厳しい寒冷気候再来の影響が日本にも及んでいたためであろうか。

縄文と定住

先土器時代と縄文時代を区分する上でこれまでメルクマールとされてきたのが、土器の出現と定住の始まりであった。しかし土器の作り方が知られても、はじめはごくわずかの遺跡に非常にわずかしか残されていないし、すぐに本格的な定住が広く獲得されたわけではないことが、一般的な遺跡の規模から推定される。定住の原因も当初は河川漁労によるところが大きく、次に植物質食料の大量入手、さらに海洋漁労の役割が加わったと考えられる。

食料を得やすい土地を見つけた人たちは、できるだけそこにとどまろうとしたであろうし、食料を大量に貯蔵すれば移動は困難になり、その必要も少なくなる。そして前期頃から集落の周囲に木の実がなる有用な植生を作り出すことが始まると、いっそう移動の必要がなくなった。しかし定住生活には、有用な植生を作り出す面と、集落の周囲の資源を荒廃させる面と両方があったのではないだろうか。

また定住獲得後の縄文人たちが一年中そのような集落にへばりついて生活していたとみることもできない。かれらは拠点的集落から短期、長期の遠征的生業活動を行なったことであろう。縄文の遺跡というと竪穴住居が並び立つ復元図のようなものを想像しがちであるが、実際には、住居址もなくわずかの石器と土器片が残されているだけの、一時的なキャンプ地のようなものが数の上では圧倒的に多いのである。

ただしこれにも時期による違いがあり、大規模集落遺跡の増える東日本の中期などでは零細な遺跡の数は相対的に減少する。二、三～五キロメートルの距離を空けて並存する大集落の間で活動領域が分割され、遠距離への遠征は少なくなったのであろう。縄文時代が先土器時代と違って定住によって特徴づけられることは間違いないとしても、その定住の程度と形は縄文時代を通じて決して同じではなかった。土器、石器、住居址といった目に見えるものの変化を明らかにするだけでなく、行動の形態のように直接目に見えないものの復元がこれからの考古学の課題である。

北への広がり

話が縄文時代一般の定住度の問題に逸《そ》れたが、再び草創期にもどり以後の展開を見てみよう。約一万一〇〇〇年前から一万年前とされる新ドライアス期の寒冷期をすぎると、地球には長く変わらぬ温暖な時期がやってきた。この時期からあとを地質学では完新世《かんしんせい》▲と呼ぶ。

南九州では上野原《うえのはら》遺跡▲で五〇軒（一時期に存在したのは一〇軒に満たないが）もの竪穴住居が発見されるほどの安定ぶりが見られるようになり、同時にその安定した生活の様相が北に広がる。その広がりのもっとも明確な現われが、九五〇

▼**完新世**　二五ページの頭注「更新世」参照。

▼**上野原遺跡**　鹿児島県霧島市。竪穴住居のほか、燻製製作用とされる連結土坑や調理施設の集石もある。

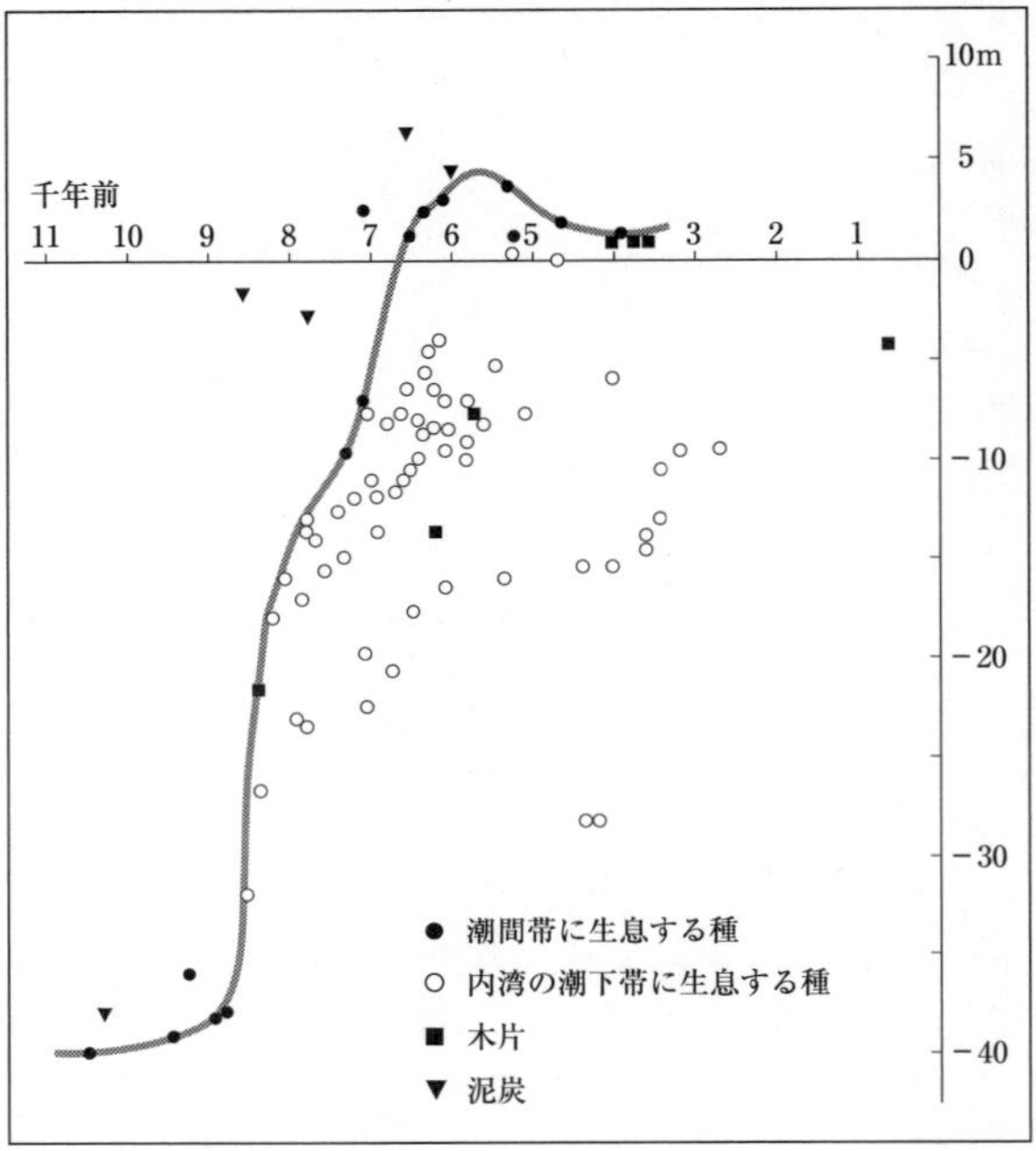

●—完新世における海面の上昇

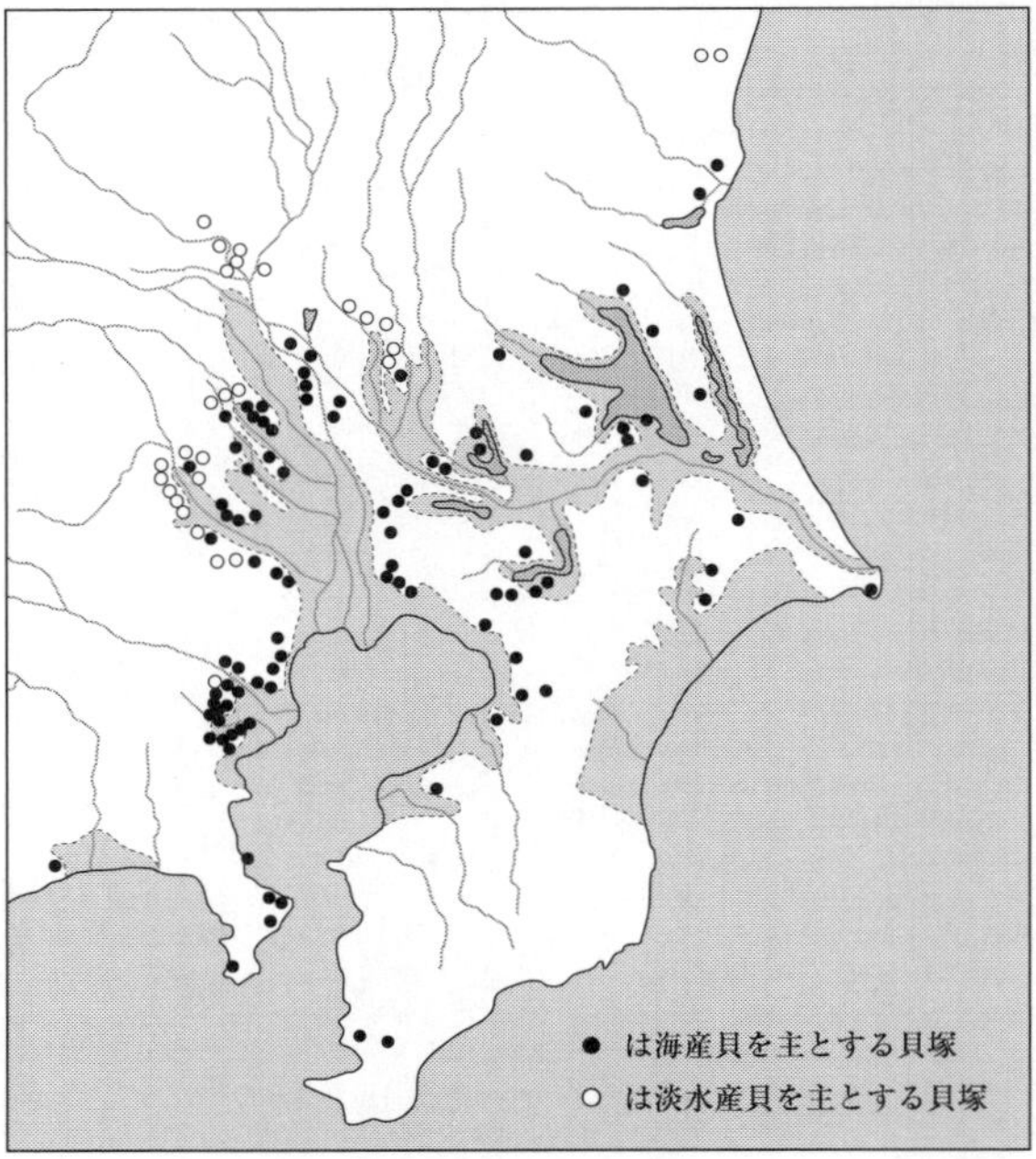

●—約六〇〇〇年前の関東地方の海岸線

○年前頃の関東地方に見られる。このころ関東地方に分布した撚糸文《よりいともん》系土器▲をもつ遺跡を見ると、相当に大規模なものを含む多数の遺跡、相当に大型のものを含む竪穴住居の普及、植物質食料用の大量の石器などがある。南九州で見た竪穴を用いる定住生活、植物質食料の重要性、土器の大量使用がここにも一緒に出現している。そしてここに新しく見られるもうひとつの重要な要素は、縄文人による海洋資源開発の最初の証拠である。

神奈川県横須賀市夏島《なつしま》貝塚▲を代表とする海の貝を含む貝塚遺跡がこの時期から見られるようになる。採集された貝は主にカキとハイガイである。氷河時代に河川に侵食されていた谷の中へ上昇する海面が入りこみはじめた頃であり、まだ砂の堆積が進んでいない砂泥質の環境を好む貝であった。

このように日本各地の平野の谷に沿って海が入りこみ、現在では想像もできないほど複雑な海と陸の交じり合う海岸線が生まれた。そこは縄文人にとって格好の漁労と貝の採集の場となったのである。夏島貝塚では貝殻の炭酸カルシウムに保護されて、マグロ、ボラ、クロダイ、スズキ、コチ、ハモなどの魚骨も残っていた。▲漁労の道具としては獣骨で作られた釣針がある。

▼**撚糸文系土器**　早期前半に関東を中心に分布し、一連の変化をたどった土器型式群。撚糸文というのは縄文の一種で、小さな棒に糸を巻きつけたものを転がして付けた文様。撚糸文系土器では普通の縄文とともにこれが多く用いられた。

▼**夏島貝塚**　神奈川県横須賀市にある。千葉県神崎町西之城《にしのじょう》貝塚とならぶ日本最古の貝塚。西之城がシジミなど淡水の貝を主とするのに対して夏島は海の貝からなる。

▼**骨の保存**　日本のような酸性土壌の地域では人骨・獣骨・魚骨などのカルシウム質の物質は長い時間のうちに酸で分解され消滅するが、大量の貝(炭酸カルシウムが土壌をアルカリ性にする)の中に埋まっている場合や、洞穴の中など雨水の浸透が少ない場所では保存されることが多い。

夏島貝塚より一五〇〇年後の早期中葉の先苅貝塚《まずかり》▲は、現在の海面より一〇メートルも低い位置で沖積層の中に埋まっているのが工事中に偶然見つかった遺跡である。それより古い夏島貝塚の時期、海水面は現在より三〇メートルも低かったのであるから、形成された当時は高い丘の上という特殊な立地であったに違いない。夏島以前の低い海岸にあった遺跡がどれだけ発見されにくいか想像がつくであろう。土器出現期の河川漁労とこの夏島貝塚の時期の海洋漁労をつなぐ資料は発見されていないため想像するよりほかないのであるが、大型魚をも対象とする高度な漁労が突然出来上がったとは考えられない。証拠は上昇した海の底に没しているのであろう。

　撚糸文系土器期の遺跡は、数こそ少ないが南東北にまで点々と認められる。しかし今のところ北海道には一カ所も知られていない。この地域に土器が広がるのは、撚糸文系土器の最後の型式《けいしき》▲から変化した日計式押型文《ひばかりしきおしがたもん》▲と呼ばれる土器の時期である。

　この土器をもつ遺跡は北東北にも多く見られるようになるだけでなく、ついに津軽海峡を越え、北海道に出現する。そしてまもなく土器で数型式後には函

▼**先苅貝塚**　愛知県南知多町にある縄文早期の貝塚。現在の海面より一〇メートル低い位置にあり、当時海水準が低かったことを物語る。多くの自然科学者の協力により、海面の上昇にともなう環境の変化について多方面のデータが得られた。

▼**型式**　縄文土器を地域的・年代的に区分したときの単位。普通最初に代表的な資料が発見された遺跡名で呼ばれる。遺跡の中の地点名で区別された型式(加曾利E式、大洞A式など)や、時間的に細分された名称(諸磯a・b・cなど)もある。複数の型式を大きくくくる場合、〇〇土器(隆起線文土器など)、〇〇系土器(撚糸文系土器など)、〇〇様式などとされ、用語が未整理である。

▼**押型文**　彫刻を加えた短い棒を粘土の表面で回転しながら押し付けて加えた文様。

▼**中野B遺跡**　北海道函館市の津軽海峡に面する台地上に立地する縄文早期の集落遺跡。函館空港の拡張工事に先だって調査が行なわれ、多数の竪穴住居、大量の土器、石器が出土した。

館市中野《なかの》B遺跡▲という五五〇以上の竪穴住居址が発掘されている巨大な集落が出現する。これは北海道における縄文文化確立にとって画期的なことであった。この遺跡には、やはり大量の植物質食料処理用石器、貯蔵穴が見られるだけでなく、二万個という縄文時代を通じて一遺跡では例のない大量の網の錘が出土している。温暖化する気候によって植物質食料が豊かになっただけでなく、縄文の生業を特徴づけるもう一本の大きな柱である漁労活動が非常に重要になったことを物語る。

植物質食料とともに海の資源も利用できる場所に規模の大きな集落が営まれるのは、縄文時代のひとつの傾向といえるが、もちろん例外もある。とくに前期・中期から海の資源の期待できない立地にも大規模集落が形成される傾向が進行する。

以上縄文的生活形態と安定した生活が更新世の末期に南九州で成立し、地球的規模の気候の温暖化とともに北へ向かって広がっていったこと、その過程で海での漁労が重要な要素として取りこまれたことを見てきたが、すべての地域で順調に安定度が増していったわけではなさそうである。中野B遺跡の栄えた早期中頃には関東ではかえって大きな遺跡は知られていない。撚糸文系土器期から停滞した状況である。どうも北上する最前線のあたりに大きな繁栄が見られるような気もするのであるが、当時漁労の好適地であった東京湾前面の台地が、その後の縄文海進によってほとんど侵食されてしまったことを忘れてはなるまい。

繁栄の頂点へ

次に見られる顕著な発展として、前期の東北地方北部が指摘されるであろう。多数の竪穴住居が集まる大きな集落が増え、そこには大型住居址▲と呼ばれるものがしばしば見られるようになる。幅は普通の住居とそれほど変わらないが、長軸を数倍に伸ばした形をしている。集会場のような特殊な建物という説と長屋のような集合住宅という説がある。

また直径二メートルもある大きな地下貯蔵穴▲が多数集落内に作られることが注目される。貯蔵穴で貯えたのは主にナッツの類と考えてよい。それまで木の実を貯えることを知らなかったわけではないから、この時期に大きな貯蔵穴が

▼大型住居址　明確な基準はないが、一般の住居址より格段に大きい住居址をこう呼んでいる。早期から晩期にまであるが、前期、中期には普通の住居址と幅はそれほど変わらないが長さを数倍に引き伸ばした形のものが特徴的に存在し、三〇メートルに達するものもある。長軸上に複数の炉をもつことが多い。

▼地下貯蔵穴　貯蔵穴と考えられる遺構には乾燥した台地上に掘られたものと、意識的に低湿地に掘られたものがある。台地上のものは縄文時代全体に知られているが、とくに前期・中期の東北地方、中期の東関東に多い。大型のものは口が小さく、下が大きく作られ、袋状土坑とかフラスコ状土坑などと呼ばれる。四八ページの頭注「水漬けの貯蔵穴」参照。

●――青森県三内丸山遺跡

復元された巨大六本柱　構造は推定。

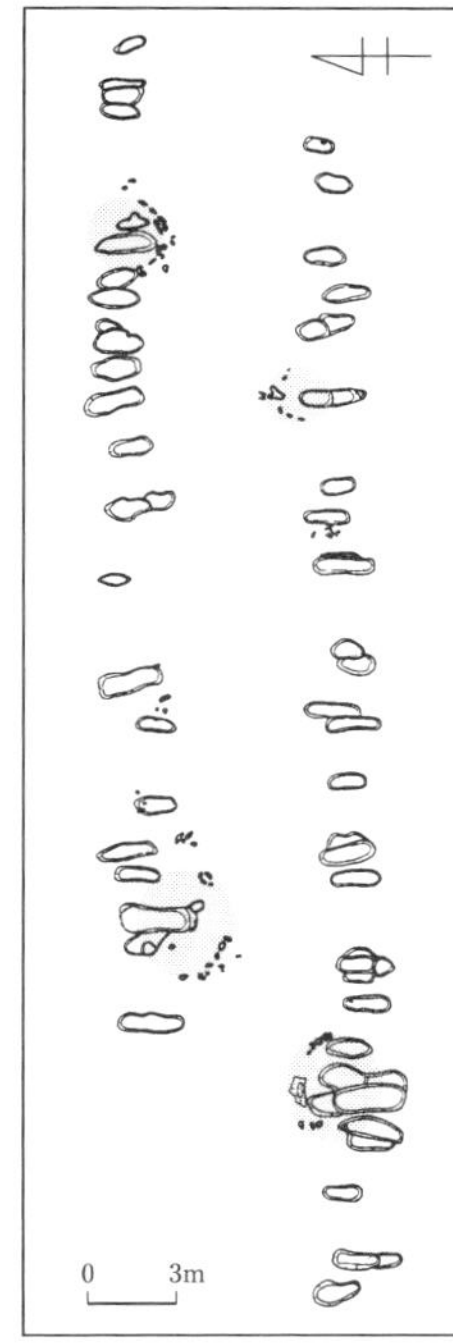

二列に並ぶ土壙墓群

酒造りに用いられたニワトコを主とする種子の廃棄層

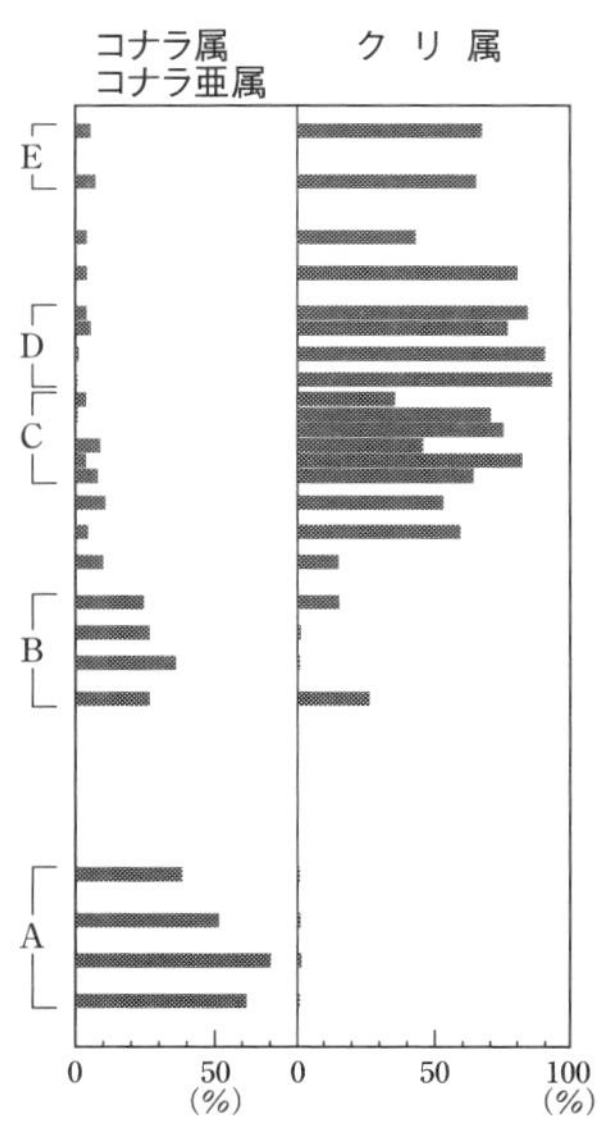

クリ属の花粉量　居住がはじまるとクリの花粉が増えはじめ、やがて花粉の大部分を占めることになる。Aは集落成立以前、B～Eは前期～中期。

多数作られたのは、それだけ木の実の収穫が増えたことを意味する。大型住居を含む規模の大きな集落増加の背景には、このような経済的基盤の安定があった。以前にも増して自然条件が好転したのであろうか。この時期は縄文時代にあってもっとも温暖な時期にあたるから、それもあるかもしれない。しかし実はこの時期になると人間が自然に働きかけ、自然の植生を変化させ、有用な木の実を増やすことが始まっていたのである。

　この経過は青森県三内丸山《さんないまるやま》遺跡▲内の小谷の湿地で得られた花粉分析の資料によってもっともよく裏付けられている。ここでは、人が居住を開始した縄文前期の中頃に森林が焼き払われた形跡があり、続いてクリの花粉が増加を始め、中期に入ると周辺の森林がほとんどクリの林になってしまったと思われるほどその花粉の比率が圧倒的になる。これまでの縄文文化のイメージを覆《くつがえ》したと評価する人もいる三内丸山遺跡の大集落は、このようなクリを主とする食料資源が支えたのだ。

　福井県鳥浜《とりはま》貝塚▲などの調査により前期にはエゴマ▲、リョクトウ▲、ヒョウタンなど有用な植物が栽培されていたことも確かめられている。これらは日本列島

▼三内丸山遺跡　青森市に所在する縄文前期・中期の遺跡。一九九二年から運動公園の建設に先立ち大規模な発掘が行なわれ、大型のものを含む五〇〇以上の住居址、多数の貯蔵穴、二列に長く平行する墓壙群、直径一メートルもある巨木の掘立柱の建造物などが検出された。

▼鳥浜貝塚　福井県若狭町にある縄文時代草創期〜前期の遺跡。三方五湖に注ぐハス川の岸にあり、包含層が水面下に没していたため植物性遺物の保存がよく、前期には貝層も形成されたため獣骨・魚骨も残り、縄文の食生活に関する貴重なデータを提供した。植物製品には丸木舟、櫂、弓、斧の柄、木製容器、編物、縄などがある。

▼エゴマ　シソにごく近い植物で、種子からエゴマ油を採る。江戸時代には広く栽培されたが、ナタネ油の普及で利用が減ったといわれる。

外から移入された可能性が高いが、その起源について植物学的研究が進んでいるわけではないので、くわしいことはわかっていない。

　縄文文化の最盛期の人間と自然の関係を物語るもうひとつの良い例として、東京都中里《なかざと》貝塚▲がある。この貝塚は東京湾の海岸に厚さ三〜四メートル、最大幅一〇〇メートル、長さ五〇〇メートル以上にもわたって形成された日本最大の貝塚であるが、当時の海岸に形成されたこのような貝塚をハマ貝塚と呼ぶこともある。台地上の集落の中に形成されたムラ貝塚に対する言葉である。ムラ貝塚では貝以外にも獣骨・魚骨などの食料の残りかすやこわれた土器、石器などの生活用具のくずが一緒に捨てられたのに対し、ハマ貝塚はほとんど貝だけからなり、海岸にあるのに魚の骨さえほとんど交えない、集中的に貝をとり、それを処理した特殊な活動の跡なのである。

　興味深いことに中里貝塚を構成する貝殻はほとんどがハマグリとカキというもっとも美味な貝で、それも大きな殻ばかりで小さなものを含まない。資源保護のための取り決めによって、小さい貝はとらずに大きくなった貝だけを採集したことが明らかである。ここでは海岸に穴を掘り、粘土を貼り付けて水がも

▼リョクトウ　緑豆。アズキに近似の植物。豆はアズキより小さく緑色。

▼中里貝塚　東京都北区にある。その存在は明治時代から知られていたが、遺物が少ないため自然に貝が堆積したものという意見もあった。一九九六年の調査で縄文中期のものであることが確認されたが、その特異な様相が注目され、以後ハマ貝塚と呼ばれるものの認識が深まった。カバー表写真参照。

らないようにし、中に採集した貝を入れ、焼いた石を投げこんで水を沸騰《ふっとう》させ貝肉を取り出している。殻ごと運ぶのは重いので、海岸で処理したのであろう。貝は干貝にし、自家消費のために保存しただけでなく、内陸の集落との物資の交換にも用いられたであろう。いろいろ考えさせられる遺跡であるが、このような計画的な資源の利用は、自然に対する十分な理解と資源を保護する思想が近隣地域の住民全体に共有されてはじめて可能なことである。

　縄文時代の日本に自生し、現在も利用されている食用植物はけっして多くない。その中でももっとも大きなカロリー源となりえたのがクリとヤマイモ▲であろう。ヤマイモは非常に残りにくく、遺跡で遺存体が確認された例はないが、日本原産で、クリと並ぶ優れたカロリー源のヤマイモが利用されていなかったことはありえない。西関東や中部高地の中期の遺跡に多い打製石斧▲は土掘りの道具で、ヤマイモ掘りにも用いられたに違いない。この場合も資源の枯渇を避けるため、掘り取ったイモの頭の部分(ここから芽を出して増殖する)を穴に埋め戻すことが行なわれたであろう。成長を促すために日当たりのよい疎林《そりん》の環境を広げることも行なわれたかもしれない。

▼**ヤマイモ**　かん木に巻きついて成長する蔓性の植物で、広くヤムイモと呼ばれ、熱帯から日本にまで分布し、種類も多い。ナガイモ、イチョウイモなどと呼ばれるものは、ヤマイモの栽培種である。普通数年かけて根茎にでんぷんを蓄える。日本在来の野生種 Dioscorea japonica はヤマノイモと呼ばれるが、ヤマノイモ科は栽培種を含み、栽培種をヤマノイモと呼ぶ人もいるので、ジネンジョ(自然薯)と呼ぶほうが、範囲が確かである。

▼**打製石斧**　斧の形をした打製石器であるが、使用痕などから用途は土掘りとするのが定説。中期の西関東、中部高地の遺跡ではとくにこの種の石器が多い。

●──縄文中期土器の傑作

唐草文土器　長野県宮ノ前遺跡出土

火焔土器　新潟県笹山遺跡出土

焼町土器　群馬県道訓前遺跡出土

曾利Ⅰ式　長野県曾利遺跡出土

そのほかイノシシの子供を一時的に飼育したことも確かで、海底火山が形成し、本来イノシシが生息するはずがない伊豆の島々で、小型化したイノシシの骨が発掘されている。人が運んだものが自生するようになったのであろう。狭い島に何世代も生息すると動物は小型になるのである。このイノシシのキーピングという行為が縄文早期にさかのぼることは、伊豆大島の下高洞《しもたかほら》遺跡▲で確認されている。縄文後期にそれまでイノシシのいなかった北海道▲の遺跡から骨が見つかるようになるのも同じ行為の結果とみられる。

このように縄文のひとびとは自然の資源をきめこまかく利用する技術を身につけていっただけでなく、自然の資源を保護し、できればそれを増大させていく智恵を発達させた。このことが縄文時代前半の、一定の振幅はあるけれど基本的に上昇していく過程の根底にあった。そしてこの方向がもっともうまくいった縄文中期の中頃から後半にかかる頃には、東日本各地の平野部にかなりの規模の集落が数キロメートルの距離をおきながらキラ星のように並ぶという景観を呈した。土器型式ごとに発掘された住居址の数を数えてみると、中期の前半は急激な上昇の時期で、中期の半ばを過ぎた頃ピークに達する。▲

▼**下高洞遺跡**　東京都伊豆大島西岸にある早期と中・後期の遺跡。早期は撚糸文系土器に続く平坂式の時期に属し、厚い火山灰層に保護されていたため、大量のイノシシのほかイルカ・ウミガメ・各種の魚の骨が出土した。

▼**北海道のイノシシ**　北海道にはもともと野生のイノシシは生息しなかったが、後晩期の遺跡からその骨が検出される事例が増えている。これについては伊豆諸島の遺跡で出土するものと同様、何らかの飼育があったとする意見が強い。北海道のイノシシは小型ではない。

▼**住居址数の変動**　七八ページ上図参照。

このピークにさしかかる直前の時期に、縄文土器の中でももっとも力強く自由な作品が作られた。新潟の火焔土器、長野〜山梨の曽利《そり》Ⅰ式、群馬の焼町《やけまち》土器▲など、原始芸術の最高峰とも言うべき土器群が競い立った。日本独自のものとして世界に誇れる最初の芸術作品である。安定し自信に満ちた生活の中で、人々がものを作りたいという創作意欲を粘土にぶつけることにより生み出されたものである。

しかしこのような適応の成功と繁栄にもまもなく限界が訪れることを第④章で見ることになる。その前に、縄文文化の諸要素を概観しておこう。

▼火焔土器・曽利Ⅰ式・焼町土器
新潟県の馬高《うまたか》式のうち炎を模したような装飾の豊かな土器を火焔土器というニックネームで呼ぶ。曽利式は長野県・山梨県の中期後半の型式でさらに細分されている。焼町土器は群馬県・長野県北部を中心に分布する類似の土器を抽象して与えられた名称であるが、型式名ではない。土器の呼び方は習慣的な用法が踏襲されているため整理が不十分である。

③――縄文人の生活と社会

縄文文化は南北に長い日本列島に一万年以上も続いたものである。一万年というと、弥生時代になってから現代に至る時間の実に四倍もあるから、生活や社会のどのような面をとりあげても、その中での変異の幅は大きく、ひとことで「縄文時代には」というような一括した言い方ができない。

そこで以下の記述では関東・東北という縄文文化がもっとも発達した地域の中期から後期をイメージの中心に置きながら、必要に応じて他の地域、時期に言及することにしたい。

食料の獲得

食料の獲得は生存基盤にかかわるもっとも重要な活動である。縄文時代の食料獲得活動は、大きく狩猟、漁労、植物質食料の採集と栽培に分けられる。先行する先土器時代の食料獲得活動については、日本の地層では食物の残滓が非常に残りにくいため解明が難しいが、石器の用途の推定から、なんといっても

▼先土器時代の植物質食料利用
先土器時代にあっても宮崎県後牟田《うしろむた》遺跡、鹿児島県種子島立切《たちきり》遺跡など南の遺跡では、多くの磨り石・叩き石があり、植物質食料の利用がさかんであったとみられる。

狩猟の比重が高く、植物質食料の利用▲は当然あったはずであるが、その比重は低く、漁労は、細石刃文化期に内水面漁労が行なわれた可能性が指摘されているものの、海での漁労の証拠はまったくなく、それを想像する人もいない状況である。

縄文の生業活動が先土器時代より多彩なものになったことは疑うべくもない。すでに述べたように縄文時代には自然物の利用だけでなく、有用植物の栽培やイノシシの一時的飼育など一種の食料生産といってよい活動まであったことが明らかになってきたが、基本は自然の生み出すものの獲得である。

狩猟

狩猟の対象は、シカ・イノシシ・タヌキ・アナグマ・テン・ムササビ・ウサギ・サルなどの哺乳類、キジや各種の水鳥であった。山間部の洞窟遺跡ではクマやカモシカの骨が出ることがあるし、海岸部の遺跡ではイルカ・アザラシ・オットセイなどの海棲《かいせい》哺乳類の骨が出土しているものもある。日本列島に生息したほとんどあらゆる哺乳類と鳥類に及んだことが、貝塚に残る骨から知られる。その中でもっとも多く狩られた動物はシカとイノシシである。縄文時代の日本列島の自然環境である森林に多く生息する体の大きな動物が、食肉を得るための狩猟の主な対象となったことは当然といえる。

　狩猟の道具としては石槍と矢の先につける石鏃《せきぞく》▲が知られているが、その出土量からいって弓矢がもっとも一般的な道具であったといってよい。そして犬▲が狩猟の補助として大きな役割を果たした。縄文時代には、死んだ犬が人間と同じように葬られ、弥生時代より丁寧な扱いを受けたのは、協同で狩りをする仲間であったからであろう。

　追いかけて捕るばかりでなく、陥穴《おとしあな》▲や罠《わな》を仕掛けて待って捕ることもさかんに行なわれた。罠については、植物質の材料で作られたため実物が残らないが、陥穴の検出数は全国で数十万に達している。動物が跳び出しにくい形に作ったり、動物の動きを拘束する装置を備えたと考えられる。けもの道に沿って個々に作られただけでなく、柵と穴を交互に作り、一〇〇メートルを越える長さに並べたものも作られた。こうして狩られた動物は、食料の肉ばかりでなく暖かい毛皮や骨角器の材料を提供した。とくにシカの角は縄文時代に入手可能であ

▼石鏃　矢尻として用いられた縄文時代に普遍的な小型の石器で、三角形、ハート形、茎のあるものなどがある。黒曜石やチャートなど割れ口の鋭い石で作られた。

▼犬　縄文時代の犬は柴犬の系統とみられ、最古の例は早期の神奈川県夏島貝塚で骨片が検出されており、愛媛県上黒岩岩陰遺跡の早期中頃の層から埋葬されたものが出土している。縄文時代に犬の飼育は珍しいことではなく、多くの犬の墓が発掘されている。

▼陥穴　縄文時代には主にシカとイノシシを捕獲するため広く陥穴が用いられた。楕円形のもの、細長いもの、底面に棒を立てたものなどさまざまな形がある。陥穴は近世まで日本各地で用いられたが、最近は先土器時代の発見例も増えている。

●――横浜市霧ヶ丘遺跡の陥穴群　縄文早期

ったもっとも丈夫な道具の材料であり、銛《もり》や釣針など漁労用具を製作するための必需品であった。

漁労

日本は漁業資源に富む海に囲まれているが、縄文時代は現在よりはるかに凹凸に富む海岸線をもっていた。日本列島は雨量が多く森林に覆われていたから、内陸の湖沼・河川も豊かで、淡水魚類にも恵まれていた。

遺物として魚骨のほかに骨製・鹿角《ろっかく》製の釣針、銛、ヤス▲、網の錘などが知られており、発見例は少ないが、水中のワナである籠形の筌《うけ》、小川に水流を横切る柵を作り、魚を囲いに導く魞《えり》▲の発掘例もある。魚を捕るために考えられる方法は一通り行なわれていたといえる。

漁労の方法は波の荒い外洋、小さな入江、河川や湖など環境によって使い分けられた。銛や釣漁は外洋で大きな魚に対して行なわれることが多く、入江では比較的小さな魚の群を対象に網漁が行なわれることが多かった。前期の石川県真脇《まわき》遺跡▲では無数のイルカの骨が堆積していたが、いくつかの集落が共同で

▼**釣針・銛・ヤス**　釣針には単式と二つの部品を結び合わせた結合式がある。銛は先端が柄から外れ、結びつけた紐が手元に残る。ヤスは柄に固定された刺突用の漁具で、複数が柄の先端に固定されたものもあった。

▼**魞**　岩手県盛岡市萪内《しだない》遺跡では小川に作られた魞が発掘された。上流に向いて開き魚を導く柵と、下流側で丸く囲った魚溜からなる。

▼**真脇遺跡**　石川県能登町にある前期〜晩期の遺跡。前期の層には大量のイルカの骨が包含される。遺跡前の小湾に追い込んで捕獲したとみられる。

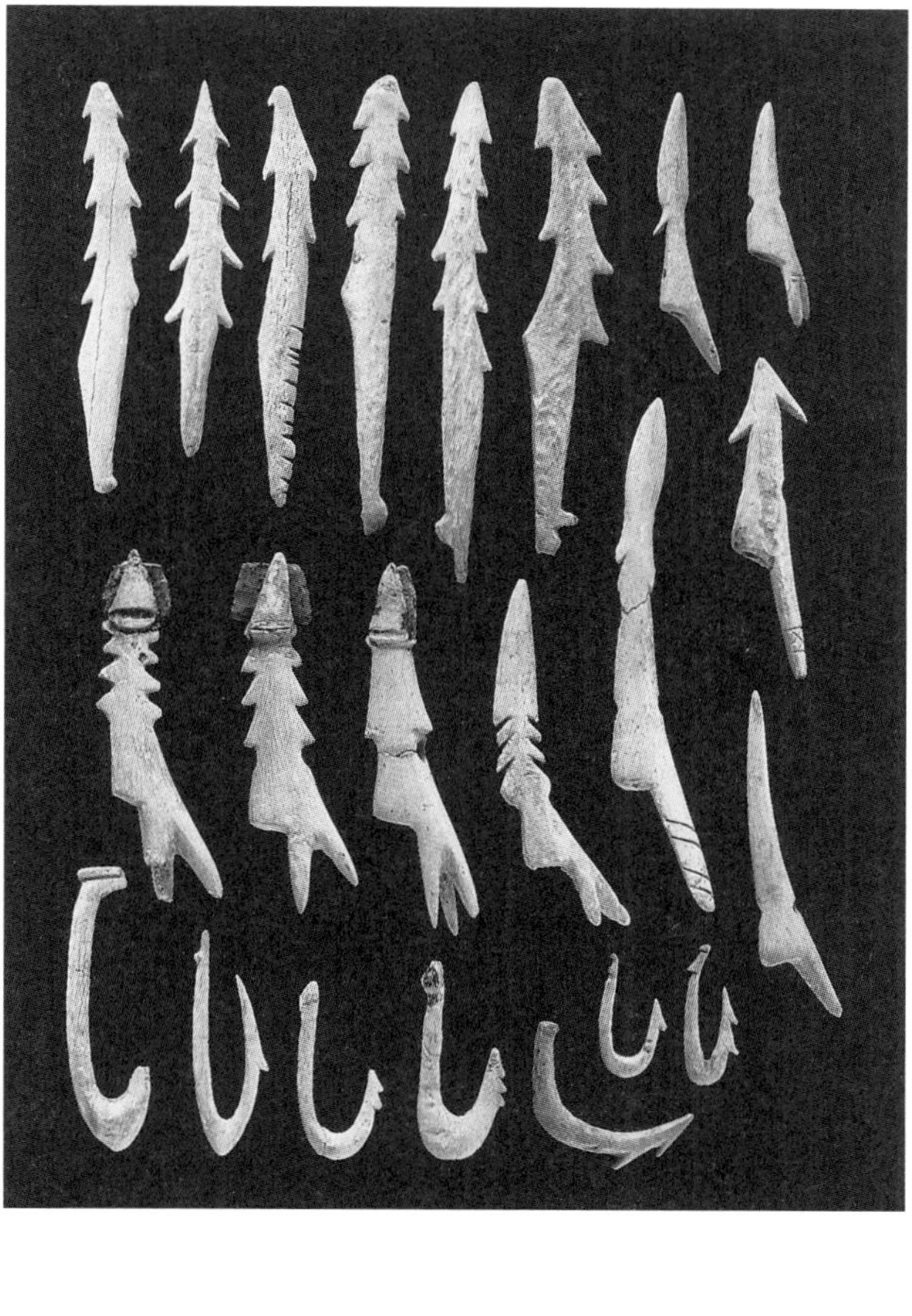

●—骨角製の銛と釣針　宮城県沼津貝塚出土(縄文晩期)

人と丸木舟を出し、小さな湾にイルカを追いこむ漁が行なわれた場所であろう。同じように陸上でも動物の追いこみ猟▲が行なわれたことを想像させる。漁労は狩猟以上に安定した食料をもたらす生業であった。

漁労の中で特殊な位置を占めたのが、秋に産卵のため川をさかのぼるサケ漁である。民族誌によると、太平洋を隔てて緯度が並ぶカリフォルニアのインディアンは、秋に産卵のため川を遡上《そじょう》するサケ・マスを大量に捕獲、保存処理し、安定した食料源とすることにより、定住生活と相当に進んだ物質文化を獲得していた。

これを参考に、縄文人が依存した主食はサケ・マスとドングリであったと指摘した山内清男《やまのうちすがお》▲の説は有名であるが、なかなか実際の証拠が得られなかったため机上の空論であるという批判もあった。しかし現在では草創期の東京都前田《まえだ》耕地《こうち》遺跡と続縄文期の北海道江別太《えべつぶと》遺跡▲という両端の資料が確保されただけでなく、途中の時期についても北海道・東北を中心に資料が蓄積されてきた。骨の残り方を見ると、頭や背骨が揃って出る捕獲解体の場所、頭がなく背骨の破片が多い消費の場所などの違いがある。

▼**追い込み猟**　シカを追い込んで捕獲する柵跡といわれるものが北海道千歳市キウス5遺跡で検出されている。時期は地層から中期以後晩期以前とされる。

▼**山内清男**　一九〇二〜七〇年。精緻な土器の編年研究に基づき、日本先史学の体系を築いた。縄文の原体の解明など多くの業績がある。東京大学講師、成城大学教授などを歴任。

▼**江別太遺跡**　北海道江別市にある続縄文期の遺跡。石狩川の支流千歳川の岸にあり、低湿地であるため木製品や魚骨がよく残っていた。簗《やな》とみられる杭列が検出され、普通の土器・石器のほか、この遺跡の特徴をなす大量のサケの骨、木製の銛先、木の柄が残るナイフ、サケ叩き棒(?)などが検出された。

植物質食料の採集

森林に被われた日本列島は植物質食料資源に富む。とくに量が確保しやすいクリ・クルミ・シイ・ドングリ・トチなどのナッツ類が重要であり、これが実る秋にそれを保存し、他の季節には保存した木の実を季節ごとの食料源で補う年間サイクルが縄文の生活の基本的リズムとなった。そのほかの植物質食料としては、ヤマイモ・ユリの根などの根茎《こんけい》類、木や草の芽や葉、キノコ▲、海草類▲も利用されたにちがいない。

ナッツ類は容易に大量に得られ、保存も比較的容易であったから、森林環境に暮らした縄文人にはもっとも重要な食料資源であった。ただ日本列島の南北では植生条件が異なるので、入手可能なナッツとその利用のしかたは地域によって相当に異なった。たとえば北海道は、クルミとドングリ以外のナッツが少なく、ドングリもカシワやミズナラなどのアク抜き▲が困難なものであるから、木の実の資源状況は不良である。北海道ではそれだけ漁労や狩猟の重要性が大きかったことは、近世のアイヌの暮らしぶりからも想像がつく。

本州東北部の平野は落葉広葉樹林の地域であった。ドングリは利用しにくい

▼キノコ　北海道小樽市忍路土場遺跡（後期）に出土例がある。

▼海草類　貝塚から検出されるシマハマツボという微小な貝は海草に付着する貝なので、間接的に海草の利用が推定できる。

▼アク抜き　カシ類のドングリは長時間の水さらしで食用にできるが、ナラ類は水とともに加熱が必要、さらにトチノミになると木灰で酸を中和する必要がある。

種類が多いが、この地域にはクリ・クルミとヤマイモというすぐれた資源があり、トチの実はアク抜きは難しいが粒が大きいため効率的で、後期からはさかんに用いられた。

西日本は照葉樹林に被われたため、クリは少なかったが、シイというアク抜き不要のナッツがあり、ドングリも照葉樹林のものは水さらしで比較的容易に食料化できるものであったから大いに利用された。ドングリやトチの実を貯えるのに水漬けの貯蔵穴▲が多く利用されたのもこの地域である。水に漬けて酸素を遮断すると何年にもわたる長期の保存が可能なことは、佐賀県坂《さか》の下《した》遺跡で出土した縄文後期のドングリが発掘後に発芽したことからもわかる。西日本の照葉樹林では日光がさえぎられ、林床にはヤマイモなどの根茎類は生育しにくかったであろう。

衣服と装飾

縄文時代にはその名の通り土器の表面に縄を用いた文様がよく加えられたが、その縄はむしろ撚《よ》り糸と呼ぶべき細いものが普通で、右撚り、左撚り、二本撚

▼水漬けの貯蔵穴　縄文時代の貯蔵穴には対照的な二種類がある。水分を避けて台地の上に掘られた乾式貯蔵穴と、わざと谷あいの湿地を選んで水漬けになるようにした湿式貯蔵穴で、前者は西日本にもあるが、東日本に多く、後者は近畿以西の西日本に集中し、東日本には稀である。湿式は前期以来知られており、弥生時代にも使用された。水漬けにする理由についてアク抜きを想定する意見が強いが、アク抜き不要なものや水漬けだけではアク抜きできない木の実が貯蔵されているので疑問がある。江戸時代の対馬《つしま》の民俗に見るように、数年におよぶ長期保存を目的としたものであろう。

り、三本撚りなどの変化を基本に、異なる撚り方向のものを撚り合わせて変化のある縄文▲を作り出したものもあり、その種類は数百に及ぶ。彼らが繊維の扱いに長じていたことは明らかである。縄の実例は福井県鳥浜《とりはま》貝塚の泥炭層からも出ており、材料として大麻とアカソが用いられた。

そのような撚り糸の応用としての編布《あんぎん》▲があったことが、後期以降の遺跡で発見される実物によって確かめられている。このようなものは敷き物や袋だけでなく衣服にも利用されたであろう。そのほか暖かい毛皮が用いられたことはいうまでもない。

土偶《どぐう》の文様から当時の衣服の形を復元しようとする試みもあるが、土偶の文様は土器の文様をあてはめたものが多いので慎重に分析する必要がある。しかし土偶には土器の文様とは違って明らかに顔面の刺青《いれずみ》を表現したものもある。

そのほか装飾品として、緑色の石や土で作った耳飾り、大小の玉類、貝の腕輪、ペンダント、赤い漆で塗り固めた飾り櫛などが知られている。

身につけたものとして変わったものに仮面《かめん》がある。紐を通す穴があり、後晩期に東日本に多く発見されているほか、皮製(?)の仮面に縫い付けたとみられ

▼**縄文**　用いられたのは太さ二、三ミリの細い撚り糸で、これを粘土の上に転がしてつけたものを縄文、棒に巻きつけたものを転がしたものを撚糸文という。右撚りと左撚りの縄を連結させた原体を転がすと羽状の縄文ができ、右撚りと左撚りの縄を合わせて撚った縄を転がすと筋ごとに目の方向が変わる。このような組み合わせの変化で数百のバラエティーが生まれる。なお縄文は東日本では弥生時代にも広く使われた。

▼**編布**　太めの糸をすだれのように編んだ布。横糸を二本一組の縦糸で絡みながら編む。北海道朱円《しゅえん》遺跡などに遺存例があり、後期の土器に圧痕の付いたものがある。

る土製の鼻や口の部品だけが後期の岩手県八天《はってん》遺跡で出土している。土偶の中には明らかにこの仮面を付けた姿を表現したものがあり、儀礼のときの姿なのであろう。

住居

住居としては竪穴住居《たてあなじゅうきょ》▲がもっとも普遍的である。縄文時代でも時期によって形や平均的な大きさが変化したが、地面を直径五メートル前後、深さ五〇センチから一メートルほど掘りくぼめ、床に穴を掘って柱を立て、梁《はり》を斜めに立てかけ、木の枝や萱《かや》などで屋根として被ったもので、中央に炉があることが普通である。地面を掘りくぼめるのは防寒を重視してのことと考えられ、世界的に見ても竪穴住居は日本を含む以北の地域に分布する。

アメリカインディアンなどの住居の記録を見ると、北方の竪穴は屋根の上を土で被い、まさに地下のあなぐらといった感じであったが、最近縄文の竪穴住居の中にも上を土で被っていたことが確認されたものがあり、防寒を重視した構造であったことがわかる。

▼**竪穴住居**　縄文草創期から地面を掘りくぼめ、屋根を葺いた住居が知られている。以後縄文、弥生、古墳時代を通じて普遍的な住居の形態で、東国では平安時代まで普通の住居形態であった。岩手県御所野《ごしょの》遺跡(縄文中期)では屋根の上が土で被われていたことがわかった。

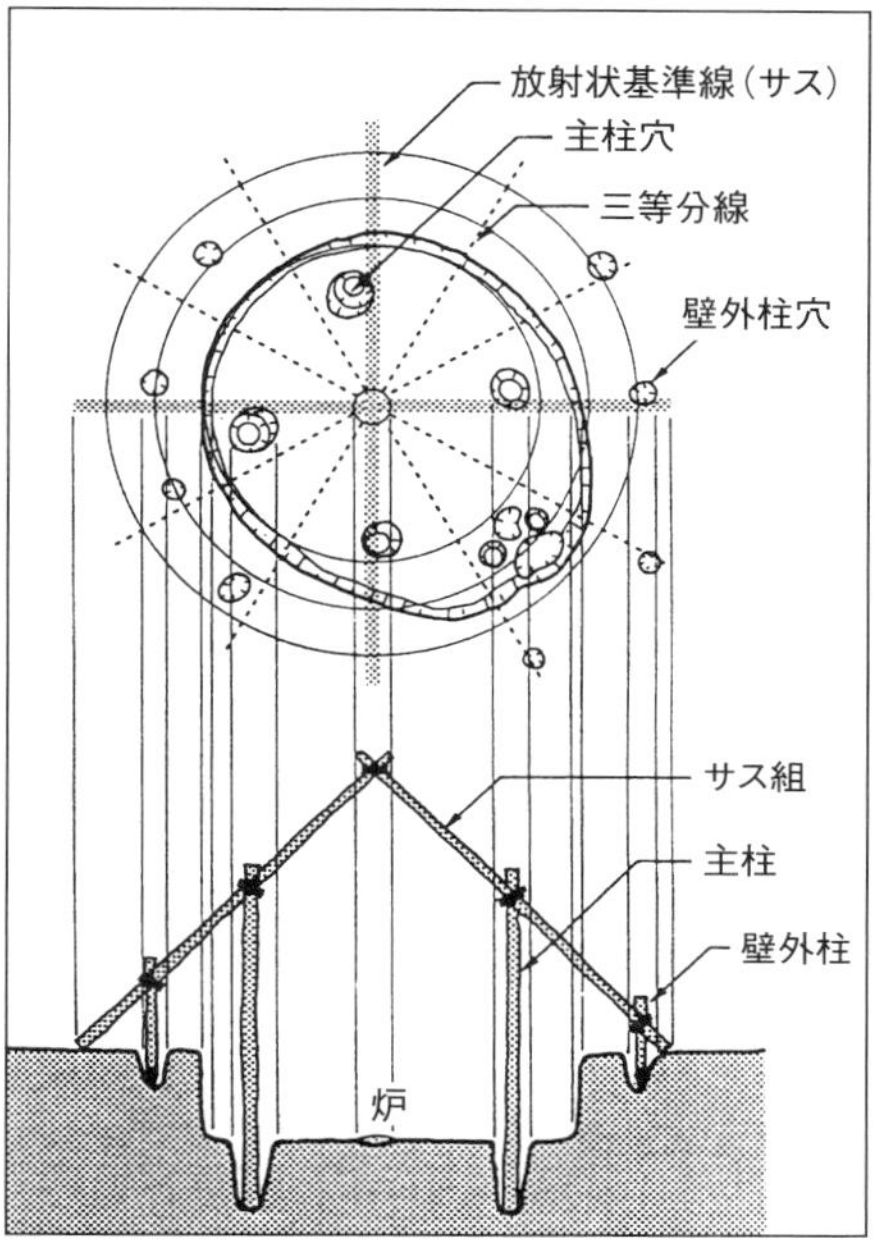

●—縄文中期の一般的住居の復元(渋谷文雄氏による)

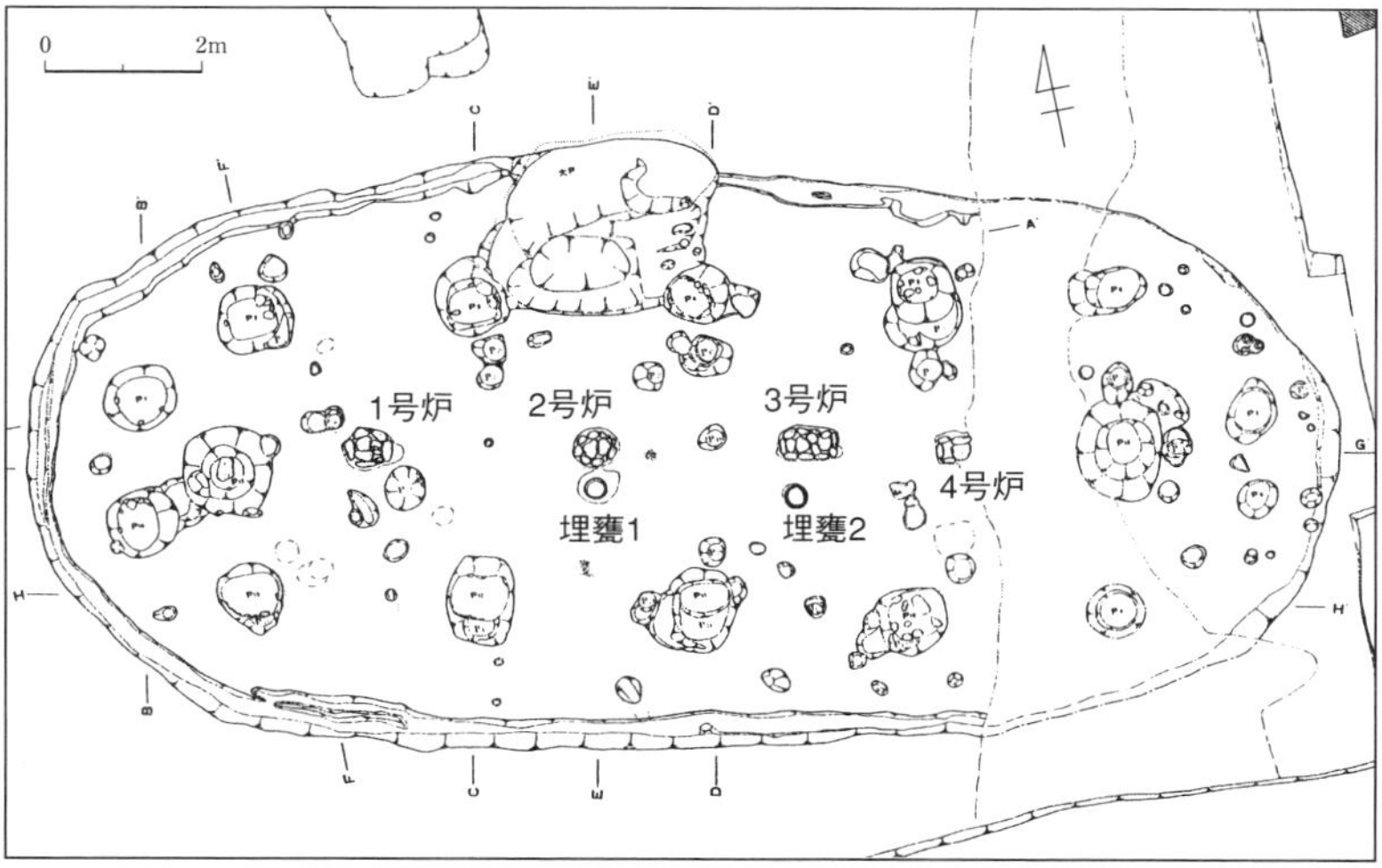

●—**大型住居**　富山県不動堂遺跡(縄文中期)

▼**桜町遺跡**　富山県小矢部市にある中期末〜後期初頭の遺跡。集落内の小川の跡に堆積した多くの建築用材が発掘され、縄文時代にさまざまな木組み技術が存在したことが明らかになった。

竪穴にも普通の住居数軒分の面積を持つものがあり、集会場、共同作業場あるいは仕切りをもつアパート状の集合住宅であろうという意見がある。前期には細長い大型住居だけが集まった集落もあるので、これなどは集合住宅と考えなければならない。ただ大型住居とひとつの名前で呼ばれても、時期ごとに構造も違っており、単一の機能を想定すべきではないであろう。

竪穴住居は大きな掘りこみをともなうので発掘で確認しやすいが、掘りこみを持たずに地面をそのまま床にした住居や高床《たかゆか》になったものでは、柱の穴しか残らないので検出しにくい。しかし注意深い発掘でこの種のものも近年は相当にみつかるようになってきた。問題は柱から上の構造についての情報が乏しいため、地面を床にしたのか高床なのか判断することが難しいことである。掘立《ほったて》柱《ばしら》建物の多くは普通の竪穴住居より面積が広く、柱の間隔が広いものが多いから、長い材を用いて高床式の構造を作ることが難しい。平地式のものが普通であったと判断される。しかし、富山県桜町《さくらまち》遺跡▲で検出されたほぞ穴による木組の建築部材から、高床構造のものが存在したことも確かである。

例外的な大型住居を除き、一般的な竪穴住居について、中央の炉の部分や屋

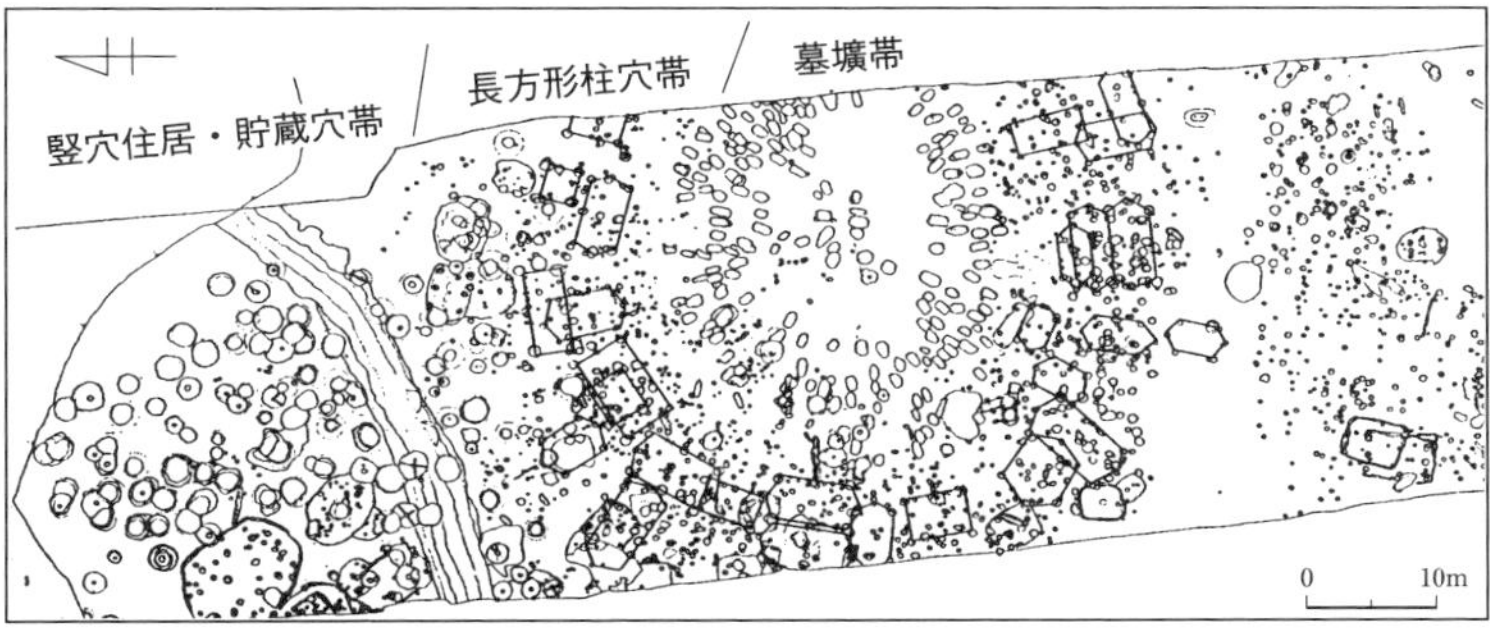

●岩手県西田遺跡の環状集落

根が床に接する天井の低い部分を考慮するなら、一軒の住居に暮らせる人数は多くて七、八人である。生活をともにした一世帯は、夫婦と子供からなる核家族的なものと想像されるが、家族構成の復元は考古学にとって難しい課題である。

集落

住居が集まって集落が構成されるが、貯蔵穴、墓場、ごみ捨て場などがともなう場合も多い。関東・東北の中期〜後期には、住居址が円形に並ぶ環状《かんじょう》の集落が多数発掘されている。中央広場を中心とする共同体のイメージにぴったりの状況であるが、その構造についての意見には極端な幅がある。すなわち一方の意見では、一時期の集落が多数の住居から構成されていたとみなし、それは数軒からなる小グループが数個集まって大グループを構成し、二つの大グループ一対で集落が構成されるとする。また一方では、集落遺跡を精密に分析すればするほど一時期に共存した住居の数は減っていく。結局環状に住居が立ち並ぶ集落というのは、一時に存在した住居の集落景観ではなく、空地の周りに少数の住居が次々に立て替えられていった結果、多数の住居址が環状に残る遺跡が形成されたに過ぎないという主張である。

　どちらが正当であるかここで決めるわけにもいかないが、忘れてならないのは縄文の人口や住居址の数には時期によって極端な差があることで、縄文時代全体を見渡すと、普通は一〜数軒の住居の共存しか想定できない集落規模が一般的であるが、ときには人口が増え、大集落が近距離で並存するといった景観を呈した。また大集落の中には住居、掘立柱建物、貯蔵穴、墓穴といった数種類の遺構が長期にわたり一定の約束に従って配置され、同心円状の構造を維持したことが確実なものがあるが、▲これを偶然の重なりの結果とみることはできないであろう。

▼**同心円状の構造**　前ページの頭注「西田遺跡の環状集落」参照。

縄文人の智恵

　縄文人が生活の中で獲得し世代を越えて維持された知識の中には現代のわれわれを驚かせるものも少なくない。

　たとえば縄文の貝塚からフグの骨が検出されることはそれほど珍しいことで

はない。かれらはフグの毒を除去し、美味な肉を賞味していたのである。エイの毒針のついた尾でヤスを作ったのは、魚を麻痺させて捕るためである。ドングリやトチの実など渋の強い木の実も、長時間煮たり、木灰のアルカリで中和して食料化していたことはすでに述べた。このようなことから縄文人が自然界にある毒や薬草について広い知識を有していたことが想像される。

　縄文時代に酒があったかという長年の疑問に対して、三内丸山遺跡と秋田県池内《いけない》遺跡で確かな証拠が得られた。この二遺跡ではニワトコ▲を主とし、ブドウ、クワ、キイチゴ、マタタビ、サルナシの果実と種子を混ぜた同じような絞りカスの塊が多数出土している。▲ニワトコを主成分とする酒の製法が今でもヨーロッパにあることから、これらが酒の原料の絞りカスであることはまちがいない。二遺跡の間でまったく同じ材料の調合が行なわれていたことは、よい味を出すために一定のレシピができていたことを示す。

　四季のはっきりしている日本列島では、季節によって入手できる食物の種類や量が大きく変わるから、食料を保存するためにさまざまな方法が開発された。九州の草創期から見られる煙道付きの炉穴は、残存した脂肪酸《しぼうさん》の分析によって、

▼ニワトコ　日本にも自生するスイカズラ科の樹木。赤い小核果が密生する。

▼ニワトコを主とする種子の廃棄層　三三ページ下左写真参照。

動物の燻製《くんせい》作りに用いられたものと考えられている。低湿地に掘った貯蔵穴で木の実を水漬けにし、長年にわたる保存を行なうことなど、現代のわれわれには想像もつかない方法であるが、同じことはカリフォルニアのインディアンばかりでなく、対馬《つしま》で江戸時代に行なわれていた記録がある。

食料の保存に塩漬けが行なわれたことも確かである。縄文後晩期になると地域によっては、海岸の特定の集落で薄手の粗製《そせい》土器が大量に作られ、それを用いて海水を煮詰め、塩が生産されていた▲。

縄文時代に作られた道具の中でもっとも特殊な技術を要したのは漆《うるし》▲であろう。漆の生産には樹液の採取、精製、煮詰めて適当な粘りにし、顔料《がんりょう》と調合し、生《き》地《じ》に塗布する多くの工程が必要であった。そして土器、木器、籠などに塗布することによって外見を美しくするばかりでなく耐水性と堅牢さを与えた。漆の使用は早期から見られ、前期には技術的に完成しており、後晩期には資料も多く、飾り櫛、飾り弓などさまざまな器物に応用され、生活に色彩を加えたことが知られる。

木器は残りにくいため研究が遅れていたが、福井県鳥浜貝塚や埼玉県寿能《じゅのう》遺

▼**土器製塩**　土器を用いた製塩は、関東地方の後期末〜晩期中葉、東北地方の晩期後半に行なわれた。

▼**漆**　ウルシノキなどウルシ科植物から採取する樹液で作った樹脂、赤や黒などの顔料を混ぜて使用される。日本、中国など東洋で固有の発達をしたが、その起源は縄文早期にさかのぼる。

跡▲の泥炭層中に保存されていた大量の木器を検討すると、容器の種類や弓など用途に応じて木の種類が選ばれているし、前述の富山県桜町遺跡の建築用材では、ほぞとほぞ穴だけでなく、さまざまな部材の組み合わせ技術が存在したことが明らかになった。

　このような個々の知識や技術にみる驚きを越えて、現代にまで教訓となる彼らの智恵がある。中里貝塚に見られるように、自然と共存し他集団との合意のうえに乱獲を避け資源を保護する姿勢である。また、すぐあとでもとりあげるように、当時徒歩と丸木舟以外の交通手段がなかったにもかかわらず、特別な材料で作られた道具だけでなく食料さえも遠距離を運び、不足するものを補いあった協力関係である。必要物資の交換は、実利的な面ばかりでなく、広い地域社会の友好的関係を維持する方法でもあったにちがいない。

　縄文時代に集団間の喧嘩や戦闘がなかったわけではない。その証拠として傷つき、殺された人骨も発見されている▲。しかし数百キロも伝播し、異なる土器型式間でも影響しあった縄文土器のありかたを見ると、縄文の地域集団の関係は、お互いの存在を認め、接触や交流を尊ぶ社会であったに違いないと思う。

▼**寿能遺跡**　埼玉県さいたま市にある早期〜晩期の低湿地遺跡。とくに後期の資料が豊かで、多くの漆塗木器を含む木製品が出土した。

▼**戦闘の証拠**　愛媛県上黒岩岩陰遺跡出土の早期の男性腰骨に骨製槍先が刺さっていたのは早い例、愛知県保美貝塚の石鏃を打ちこまれた人骨、石斧で孔をあけられた人頭骨など、縄文晩期の例が多い。

祭祀と葬送

縄文の人々は超人間的な力に何を祈り、願ったのか、当事者たちの気持ちの記録が何もないから、宗教的目的に用いられたと考えられる非実用的な道具や施設から間接的に推定せざるをえない。

縄文時代の道具のうちで、呪術《じゅじゅつ》的目的で作られたものとしてもっともよく知られているのが土偶《どぐう》▲である。もっとも古い土偶は草創期の三重県粥見井尻《かゆみいじり》遺跡のものが知られており、同じ頃の愛媛県上黒岩《かみくろいわ》岩陰遺跡には扁平な礫に髪の毛や乳房を刻んだ女性像がある。縄文の女性像はその文化自体の始まりに近い古さを有するわけである。関東や九州の早期にも小さく単純な女性像がある。しかし早期の後半には大きな資料的空白があるので、ずっと続いたとはいえそうもない。前期に再現し中期には立てることのできる相当に大型のものも現われ、後晩期には数を増す。後晩期土偶の写実的な人間の姿からかけ離れた異様な造形は有名である。

初期のものを含め縄文の末期に至るまで数千の土偶が発見されているが、その大部分は女性像であり、確実に男性を表現したものは知られていない。なか

▼**土偶**　人の形をした土製品。非写実的で奇怪な表現の物が多いが、そのほとんどが乳房など女性の特徴を表現する。女神像とする説もある。草創期・早期にもあるが、東日本の中・後・晩期にもっとも多く作られた。

●—縄文後晩期の呪具と装身具

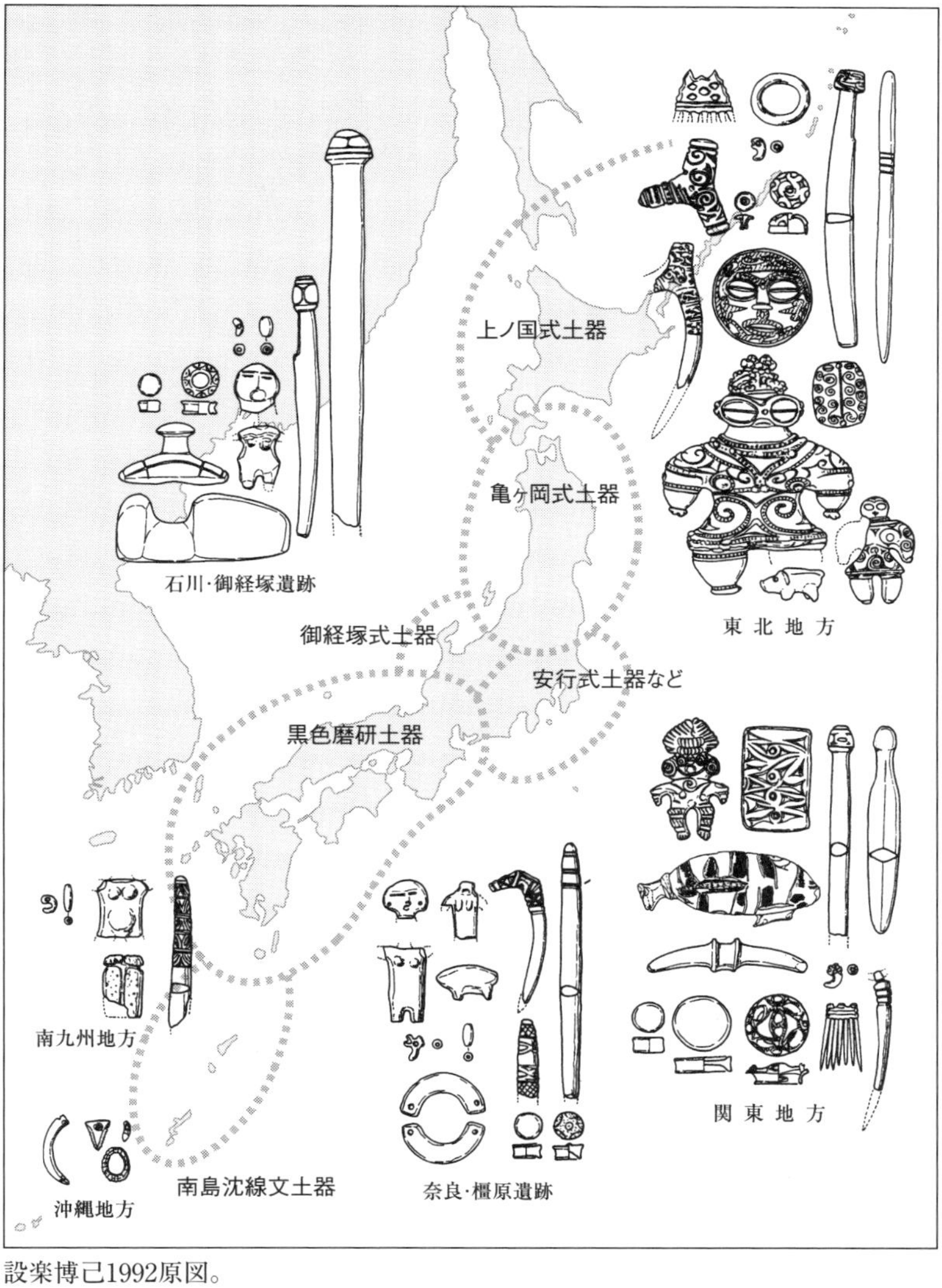

設楽博己1992原図。

には明らかに妊娠の状態を表現したものや、腹部に玉を入れて鈴のようにしたものもある。このようなことは土偶が子孫と一族の繁栄を祈念して作られたという一般的な解釈の裏づけとなっている。

縄文前期頃に現われる石棒《せきぼう》▲も実用を離れた宗教的な道具で、男性性器を形象したことがわかるものが多い。このように縄文の宗教の核心は性的な原理、子孫の繁栄にあったといってよいであろう。

縄文後期から土版、岩版、石刀、石剣、石冠▲など宗教的な目的をもつと考えられる遺物の種類が増加するが、それらは土偶と石棒という中核部分からの派生と見てよいものが多い。注意すべきは、縄文時代に長く行なわれた土偶と石棒の祭祀《さいし》が、弥生時代になると急速に変形し▲、すたれ廃絶していくことで、それだけこのような祭祀が縄文の生活の根本に結びついていたのであろう。

土偶と石棒が性と誕生の原理に結びつくものだとすると、縄文のもう一方の祭祀は死者の祭りである。縄文時代、死者は一定の墓地に一般にかなり丁寧に葬られた。

埋葬法にもいくつかあるが、地中に掘った小さめの穴に手足を折り曲げた

▼**石棒**　石を叩打、磨製して作った断面円形の棒状石製品、男性性器を象るものが多い。前期から現われ、東日本の中・後・晩期に多く作られた。中期には長さ一メートルを越えるものも作られた。

▼**土版・岩版・石刀・石剣・石冠**　土版は両面に文様を加えられた土製品でときに人面が描かれる。岩版は同様の石製品。石刀は少し湾曲し、一側縁が薄くなる石製品、石剣は真っ直ぐで両側が薄くなる。石冠は取っ手付きスタンプのような形の石製品。これらは実用の道具というより宗教儀礼用品とみなされている。

▼**弥生での変形**　土偶は弥生時代に入ると再葬骨を容れる人形《ひとがた》の容器に変わり、中部地方から南東北で用いられた。

屈葬《くっそう》▲という姿勢で葬られるのが普通であった。中期以降には伸展葬《しんてんそう》も見られるようになる。屈葬という姿勢をとったことについていくつかの解釈があるが、大きな穴を掘る手間を省くことが主目的であろう。北海道恵庭市カリンバ3遺跡に見られたように、稀に死体をくるんだ編布や白樺の皮の断片が墓穴の中に残っていることがある。肉親の遺体に直接土をかけるのはしのびないからであろう。顔の上を土器で被った例もあり、晩期に幼児を土器に容れて葬ったのも同じ動機であろう。

埋葬に際して死者が生前着用していた耳飾りや飾り玉をつけて葬られることは早期、前期から見られるが、比率はきわめて低い。後期頃からそれとは別に副葬品▲を供えることも散見するようになり、土器、石鏃、石斧、石棒、石剣などが副葬されたが、全体としては何も副葬されない例が大多数で、特別な副葬品を有するものは司祭や酋長《しゅうちょう》など特別な身分のものであった可能性がある。なかでも東北地方・北海道の後晩期には多数の飾り玉や石鏃など相当量の副葬品を有する例があり、その突出ぶりは北海道の続縄文期に受け継がれる。

特殊な埋葬法として遺体の軟部を腐らせた後、骨を集めて土器に容れたり、

▼**屈葬**　埋葬人骨のうち手足、とくに足を強く折り曲げた体位で、仰向けのもの、体の側面を下にするものなど変化がある。大きな穴を掘る労力を節約するのが基本的な理由とみられるが、死者の魂が遊離するのを防ぐといった思想が加味されたという説もある。

▼**副葬品**　埋葬にあたって墓中に供えられた物品。死者が生前身に付けていた装飾品や遺体の一部を覆うための土器などは意味が異なるので区別すべきであるが、みな副葬品と呼ばれることが多い。前期の秋田県池内《いけない》遺跡のいくつかの墓からは多数の石器が出土したが、狭義の副葬品の例外的に早い例である。

骨を整理して埋めたりする再葬《さいそう》▲が東日本の後期などに見られる。ただすべての死者に対して行なわれたわけではないので、普通の土葬とどういう区別があったのであろうか。数十人分の遺骨を一つの穴に再埋葬した例も後期に数例知られている。このような特殊な扱いがなされた理由にはいくつか説があるが、定説はない。

個々の埋葬の形だけでなく、墓地の設定にも当時の社会構成や死者に対する思想が反映しているとみられる。さかのぼって早期の大集落である函館市中野B遺跡を見ると、土壙墓は住居の間に散在していて特定の墓域を形成していない。前期には集落の一角を墓地に定め、集中的に埋葬を行なったものが見られるようになり、中期の環状集落では中央の空き地に墓地が営まれた例が多い。外側の住居址群と対応するように、墓も環状をなし、小群に分かれる場合があるのは、生前の生活の場と死後葬られる場所に対応があるからであろう。典型的な岩手県西田《にしだ》遺跡▲中央の墓地のそのまた中央に埋葬された少数の墓は、長老や酋長といった立場の人のものであろう。そのうちの一つから特別な身分の人しかもてなかったヒスイの大珠が出土していることはこれを裏付ける。

▼**再葬**　二次葬ともいう。死者の遺体をいったん土葬などの方法で骨化したのちに取り出し、再度埋葬するもの。民族学の事例では再埋葬の前に洗い清めることが多く、洗骨《せんこつ》葬とも呼ばれる。縄文時代には後期からしばしば見られるが、弥生時代前・中期には南東北地方～中部地方の普遍的な埋葬様式になった。

▼**西田遺跡**　岩手県紫波町にある縄文中期の集落遺跡。発掘の結果、中央に墓壙群がありそれを取り巻いて掘立柱建物群、その外側に竪穴住居と貯蔵穴群が取り巻く同心円状構造をなすことが明らかになった。五三ページ図参照。

縄文後期にも集落の一隅に墓地を設けることは多いが、集落の外に特別な墓地を作る場合があり、それはさらに環状列石《かんじょうれっせき》▲のような特殊で大規模な祭祀構築物をともなう場合がある。環状列石自体は縄文前期から見られるが、後期にもっとも発達する。代表的な秋田県大湯《おおゆ》遺跡▲で隣接する二基の環状列石は、それぞれ二重のドーナツ形の列石からなり、外径は約四二メートルと四六メートルで、各輪は、「日時計」などと呼ばれる小石組の集まりである。石組の下を発掘すると墓穴が発見される。万座《まんざ》の列石外側の発掘では、竪穴住居は発見されなかったが、掘立柱の建築物が列石を取り巻いているのが検出された。墓地にともなう特別な建物という説が正しいなら、生者の集落に対する死者の集落が大規模に営まれたことになる。

　やや遅れて北海道には土手で周囲を円形に囲った周堤墓《しゅうていぼ》▲が現われる。千歳市キウス遺跡▲のものが有名で、最大のものは直径七五メートル、土手の高さは中央の凹地から五・四メートルもある。周堤墓の起源について、先行する環状列石との関係が問題となる。近年調査された秋田県北秋田市伊勢堂岱《いせどうたい》の環状列石は列石の内側が広く掘り下げられているし、北海道斜里町朱円栗沢《しゅえんくりさわ》の周堤墓は

▼**環状列石**　ストーンサークルともいう。礫を大きな環状に並べた祭祀的遺構であるが、整った形態のものは後期に多く、発掘によって墓地と確認されたものが多い。

▼**大湯遺跡**　秋田県鹿角市にあり、万座・中野堂の二基の環状列石からなる。一九四六年以来数次の調査がなされる。国特別史跡。

▼**周堤墓**　環状土籬《どり》とも呼ぶ。円形に掘り窪めた墓域の周囲に余った土を盛り上げて囲ったもので、北海道石狩低地に集中して見られる。恵庭市柏木B遺跡、千歳市美沢1遺跡などで発掘調査され、周堤内の墓穴相互の関係の分析から、当時の社会を復元する試みがなされている。

▼**キウス遺跡**　北海道千歳市にある。七基の周堤墓が互いに接する状態で現存する。縄文時代の構築物が発掘なしに見られる稀有の例である。

●―北海道キウス4遺跡の周堤墓群(復元模型)

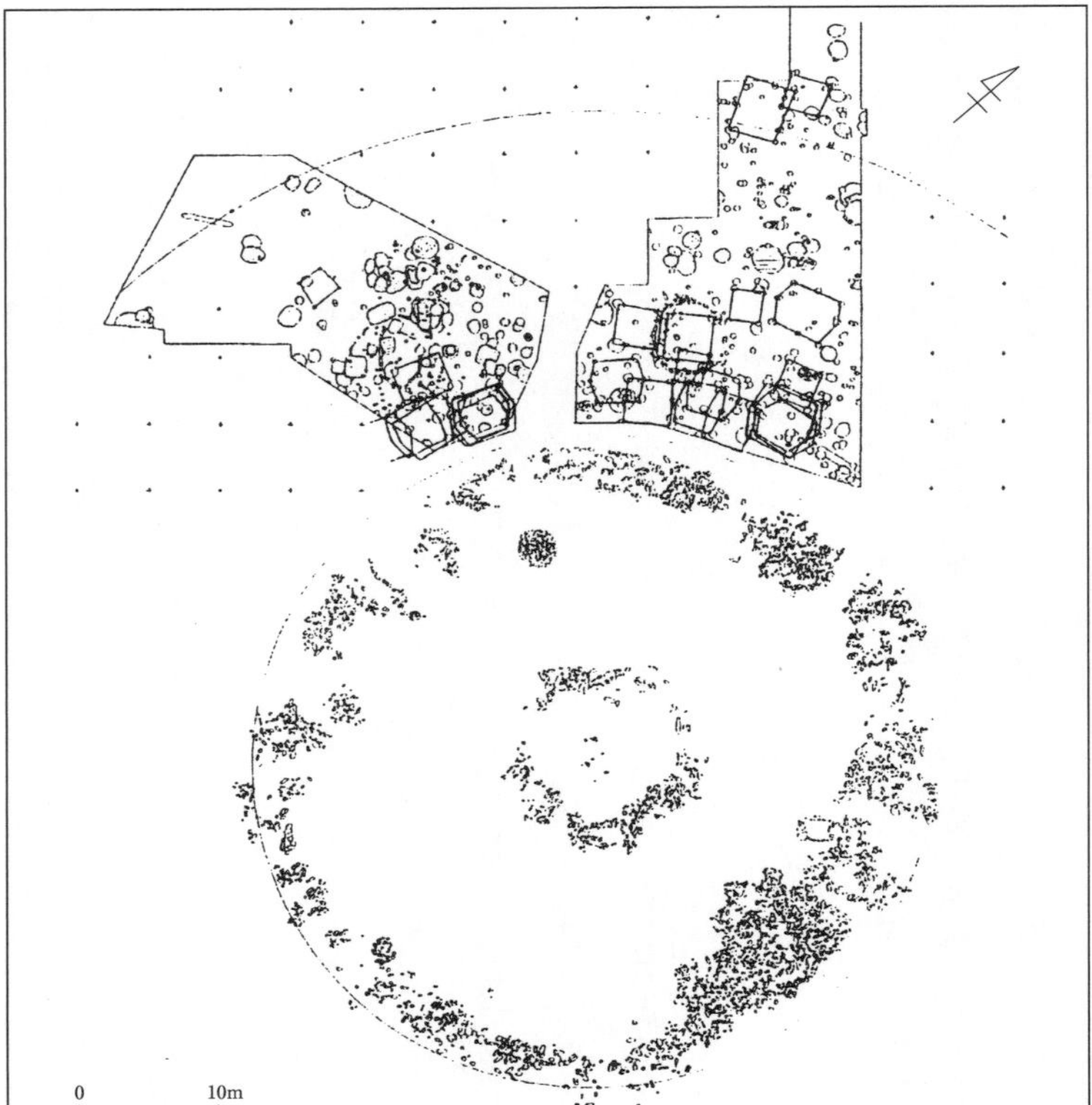

●―大湯遺跡万座環状列石とそれを囲む掘立柱建物群　発掘されたのは一部分。

内部に多くの石組を有し、環状列石と周堤墓の間には環状の墓地という以上の類似性が認められる。伊勢堂岱環状列石の周囲の調査では、大湯と同様に掘立柱建物が取り巻いていることがわかった。

　環状列石の一部もそうであるが、墓とは関係のなさそうなものにも、祭祀の役割を与えられた可能性の強い建造物がある。青森県三内丸山遺跡中央の巨木柱列▲は記念物的な列柱か、物見台か、屋根のある建物か意見は分かれるが、その建造に向けられた膨大な労働力を考えるとき、やはり何か宗教的な意味を込めて、集団の構成員全員が必死に作り上げたものであろう。

　縄文晩期に石川県チカモリ遺跡▲など北陸に多く見られる別の種類の巨木柱列は、円形の左右対称な配置、入り口構造部の存在などから、屋根をもつ建物とすべき条件を備えている。しかし直径一メートルに近い巨木を半裁《はんさい》して立てる仕事の困難さを想像すると、とても普通の住居とは思えない。滋賀県東近江市正楽寺《しょうらくじ》遺跡ではこのような円形巨木柱列の中央から日常の使用とは思えない大きな炉が検出された。

▼三内丸山遺跡の巨木柱列　直径一メートルほどのクリの巨木を三本×二列の配置で六本埋め立てたもので、中央広場に繰り返し立てられた。柱根部しか残っていないので上部の構造は不明。

▼チカモリ遺跡　石川県金沢市にある後晩期の集落遺跡。微高地にあるため土中の水分が多く、木柱根が保存されていた。柱根はクリの大木を半裁したもので、太いものは一メートルもある。それが切断面を外側に向けて直径六〜八メートルほどの円形に配置されている。入り口状構造部をもつものもある。何らかの建物とする説とウッドサークルと呼ぶべき宗教的施設とする説があるが、その建造のために多大の労力を結集したことがあきらかである。その後同県真脇、米泉、富山県境Aなどの遺跡でも同様な建造物が検出され、群馬県矢瀬遺跡では方形のものが検出された。

集団間・地域間の交渉

縄文時代のように交通手段が発達せず道も整備されていなかったであろう時代には遠方との交渉は少なく、各集団が孤立して生活していたのではないかという素朴な想像は、実際の証拠の前に完全に覆される。もっとも確実な証拠は、特定の場所にしか産出せず運ばれたことが確かな物である。

黒曜石《こくようせき》は特別な元素組成をもつマグマが急冷してできた火山ガラスであり、元素の組成分析によって産地がわかる。北海道白滝《しらたき》、長野県霧《きり》が峰《みね》、伊豆七島神津島《こうづしま》、佐賀県腰岳《こしだけ》、大分県姫島《ひめじま》の黒曜石などが一〇〇キロメートル以上運ばれた例は珍しくない。腰岳の黒曜石が朝鮮に運ばれたり、白滝の黒曜石がロシアに運ばれたことも知られている。霧が峰の鷹山《たかやま》遺跡では、山の斜面に直径一〇メートルほどのすり鉢状の穴が多数あるが、調査の結果、縄文時代に黒曜石を採掘した跡であることが判明した。広い地域の需要がこのような専業的採掘の背景にある。

富山県・新潟県には磨製石斧の材料に適した緻密な蛇紋岩《じゃもんがん》の産地が多くある。富山県境《さかい》A遺跡▲の近くの海岸では無尽蔵ともいえる蛇紋岩が採取でき、この資

▼**境A遺跡**　富山県朝日町にある中～晩期に至る大規模な集落遺跡。石器の材料となる蛇紋岩の産地に近接するため、遺跡内で盛んに石器製作が行なわれ、磨製石斧や玉類の未成品が大量に出土した。巨木柱列も発掘されている。

●—長野県鷹山遺跡の黒曜石採掘址

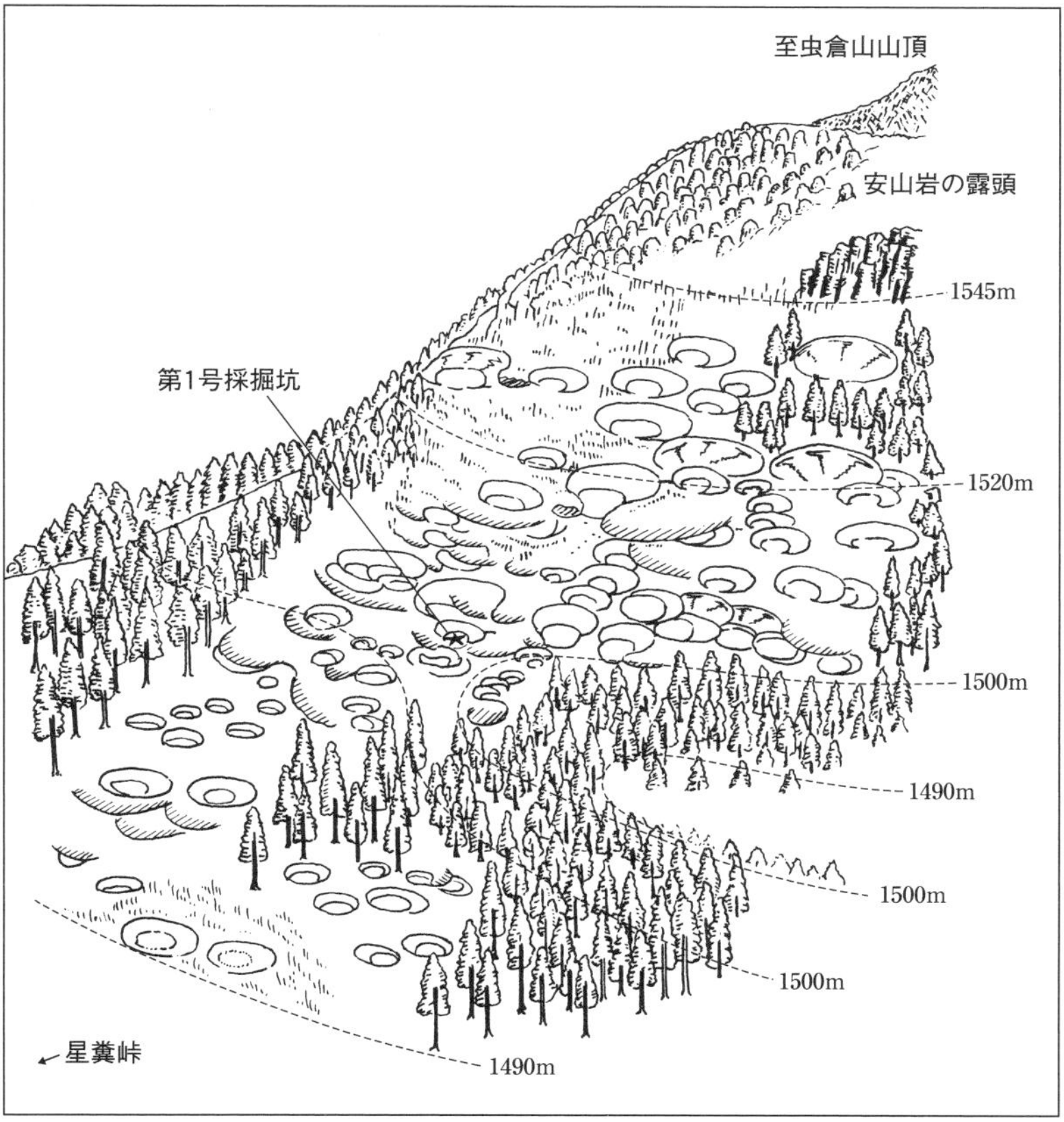

源を利用して中期から晩期まで石器作りが行なわれた。発掘された磨製石斧の未製品は三万を越えるという。その製品は新潟県から石川県まで北陸一帯に広く搬出された。

産地が局限され現在のところ新潟県の姫川《ひめかわ》にしか原産地が発見されていないヒスイ▲の玉類は、転石《てんせき》として新潟・富山の海岸でも拾えたようであるが、前期から玉の材料として珍重され、中期には北海道南部や関東地方にも、後期には九州にまで運ばれている。

アスファルトは石鏃や骨角器の接着剤として有用なものであった。個々の産地を特定することは難しいが、秋田県・新潟県の油田地帯に限定されていたと考えられる。しかし中期には東北地方の太平洋側にも使用が広がり、後晩期には関東地方でもアスファルトの付着した石鏃が発見されている。

淡いピンク色が好まれ腕輪に加工されたオオツタノハ▲は伊豆諸島の南と南西諸島にしか分布しない貝だが、前期から関東地方の貝塚に見られ始め、中期、後期と分布を広げ、北海道続縄文期の有珠《うす》10遺跡▲でも大量に出土している。

産地が限定されているものばかりでなく、土器や土製装飾品などどこでも作

▼ヒスイ　硬玉。美しい緑色を呈するため縄文時代に玉の材料として用いられた。

▼オオツタノハ　二枚貝のように見えるが実は扁平な巻貝であるカサガイの一種。現在南西諸島と伊豆諸島南部の暖海に棲息する。外表を削ると美しいピンク色であるため、貝輪の材料として珍重され、東北地方、北海道南部にまでもたらされた。

▼有珠10遺跡　北海道伊達市にある続縄文期の貝塚遺跡。恵山型銛頭、オオツタノハやベンケイガイ製の貝輪などが多数出土している。

▼胎土の科学的分析　胎土中の岩石・鉱物粒を顕微鏡下で観察し、特定の地域にしか存在しない要素を検出する方法、胎土を元素の集合体とみて、その組成を分析し、既知の粘土産地に結びつける方法など、いくつかの方法がある。

れそうなものも運ばれている。遺跡を発掘すると、その地域の土器ではないほかの地域の型式に属する土器が少量混じって出土することが珍しくない。土器の場合、他の地域で作られたものか、その場所で他の地域の作り方と同じように作られたのかを判別しなければならないが、胎土《たいど》の科学的分析▲で明確な結論が出ることもある。しかし地質条件によってはそれが難しい場合も少なくない。このような場合、在地の型式に他地域の型式が少量混じり、しかもその作りかたや色が本来の分布地のものと区別がつかない場合は移入品の可能性が高く、他地域の型式がある程度まとまって出る場合は、よく観察すると本来の型式とは少し変化した特徴が見つかることがある。移動してきた人が作ったものであろう。

土製品でも精巧な耳飾り▲などは誰にでも作れるものではなかった。晩期の群馬県千網谷戸《ちあみがいと》遺跡▲では精巧な耳飾りが大量に出土しているが、半乾きの状態で削りとった屑の存在から、この遺跡で製作が行なわれていたことがわかる。その製品と考えられるものが東京の下布田《しもふだ》遺跡▲などから出土している。

食料まで運ばれたことが知られている。後期の茨城県や晩期の松島湾沿岸で

▼耳飾り　縄文時代には石製・土製、稀に骨製がある。前期には玦状耳飾りというC字形のものが多く、これは耳たぶに穴をあけC字の切れ目を下にして下げる。中期からは滑車形が増える。耳たぶの穴に全体をはめこむもので、慣れると大きいものに替え、最終的には直径五センチにもなる。

▼千網谷戸遺跡　群馬県桐生市にある後晩期の遺跡。関東の晩期には珍しい大遺跡で千網式の標識遺跡である。精巧な作りの土製耳飾りが多数出土している。

▼下布田遺跡　東京都調布市にある晩期の遺跡。この時期の南関東では最大級の遺跡である。六メートル四方ほどの方形配石遺構は、大きな石を敷き並べた墓で、中央の土坑から石刀が出土した。土器・石器のほかに土偶・土版・石刀・石剣など儀礼的な遺物とされるものが多いことでも知られる。

▼鍋屋町式・十三菩提式土器
鍋屋町式は新潟県上越市鍋屋町遺跡、十三菩提式は神奈川県川崎市十三菩提遺跡を標識とする前期末の土器型式でほぼ並行する。この時期の北陸と関東の間では、長い距離を越えて互いの土器が貫入する現象が見られる。

粗製薄手の土器を使って海水を煮詰めた土器製塩が行なわれたことが知られている。土器自体が塩の容器として使われたようで、その分布から数十キロにおよぶ消費地の広がりを推定することができる。ハマ貝塚で作られた干貝が交易によって搬出されたことは想像に難くないが、実物資料の発見はない。しかし内陸二〇〜三〇キロメートルの遺跡から海の魚の骨が出土する例は、食料ですら交易運搬の対象になっていたことを物語る。

以上、運ばれた物を列挙することによって、縄文時代における集落間、地域間の交渉が緊密であることを論じた。しかし物の場合、リレー式に受け継がれていくことがありうるから、直接交渉の距離は短いのかもしれない。この点ではむしろ離れた地域間の土器の変化をよく比較することによって、驚異的な情報交換の実態を認識することができる。

たとえば前期末に北陸に分布した鍋屋町式《なべやちょう》土器が中部高地を通って関東に侵入し、在地の十三菩提《じゅうさんぼだい》式土器▲と共存するという現象があるが、これだけなら人間集団の長距離移動として驚くほどのことではない。信じられないのは、その関東に入った鍋屋町式が、なおも本来の北陸の鍋屋町式と一定の変化の方向を共有しながら変化を続けることである。関東と北陸の間に頻繁な情報の交換が維持されなければ起こり得ないことである。同じような例は後期に近畿地方から関東に広がった中津《なかつ》式▲、関東から近畿に広がった堀之内《ほりのうち》Ⅰ式・Ⅱ式▲の要素などの変化においてよりいっそう遠くの地域に、確実に見られる。関東晩期の土器型式の文様の一部が、東北北部の土器型式の対応する文様と緊密に連動しながら変化していることも指摘されている。

しかし考えてみれば土器型式というものが半径五〇〜一〇〇キロほどの範囲で形や文様の細部に至る共通性を維持しながら変化していること自体が、この範囲で土器作りの情報が正確かつ緊密に伝達されていたことを物語るのである。さらに遠距離にある別の型式どうしの間で土器の一部に共通性を維持しながら変化するのも、その延長上にあるといってよいであろう。

縄文社会の水準

縄文時代の社会はその複雑さや発展段階においてどのようなレベルに達していたのであろうか。この設問に対しても先ほど文化要素について述べたように、

▼中津式土器　岡山県倉敷市の中津貝塚を標識遺跡とする後期初頭の土器型式。伊勢湾周辺まで主体的に分布するが、中期から後期に移行する時期に分布を東に伸ばし、関東で土着の系統と共存し称名寺式を生み出した。

▼堀之内Ⅰ式・Ⅱ式土器　千葉県堀之内貝塚を標識とする堀之内式は、Ⅰ式とⅡ式に分けられている。この時期関東と近畿地方の土器は互いの影響で類似性を強めるが、関東で成立したことが確かな堀之内Ⅰ式・Ⅱ式の要素が近畿に現われる現象は、明らかに関東側からの影響である。

一万年という長い縄文時代の中で大きな幅があったことを指摘しなければならない。

草創期、早期の集落は特殊な例を除き、同時に共存した住居址は一、二軒と見なければならないものが多い。そうするとその外観上の集落の構成員の人数はやっと二桁といったところであろう。これではとても複雑化した社会が形成されるはずはない。ただし注意を要するのは、遺跡という外観的なまとまりを一つの社会集団と認識することが適当とは限らないことで、むしろ一つのまとまりを意識する集団が、自然の資源を有効に獲得するために広い地域に分散して居住し、必要な共同作業のときに集結するといった形の社会は十分ありうることである。ともかくこの時期日常的に接するのは数世帯の集合程度の社会であり、それを指揮する長老のような存在はあったであろうが、それが考古学的証拠に反映されることがほとんどない程度のものであった。

この状況にわずかながら変化が見られるのが前期から中期の社会である。集落の規模が大きくなり、数が増してくると、各集落がその構成員を含めて固定的傾向を強めたにちがいない。とくに中期になると自分たちの集落から数キロメートル先には別の集落があるという状況になったであろうから、各集団の縄張りの調整、共同での自然資源の保護、共同の祭りなどのため、長老あるいは酋長といった立場の人の役割が強化されたに違いない。

先にのべた西田遺跡の中央墓地のそのまた中心に葬られた少数の人たちは、そのような身分なのであろう。それでもそのような墓が特別の副葬品をもつことは稀で、同じ集団墓地の中に葬られながら、その埋葬位置によってかろうじて表現される程度の地位であった。

このような長老的人物の特別な役割は、東日本で集落規模が縮小する後期以後も逆に増大する傾向にあった。それは飾り櫛や玉類の装着、数種類の石器の副葬など、次第に墓地に顕現する副葬品の格差に読み取れる。後期以後の多様化と量的増大を続ける呪術的遺物、大規模化する祭祀遺構をみると、宗教儀礼の司祭者としての役割が増大していったことが想像される。

次章に述べる中期末からの衰退の背景には環境条件の悪化があろう。生存条件の厳しさが増すほどに、集団の規律を厳しく統率することが必要となり、また祖先からの庇護、天の恵みを求める祭祀は、環状列石や巨木柱列の構築という困難な課題の遂行に向けられていった。このような大規模な作業は遺構の存在する当該集落の構成員だけで成し遂げられたとは考えにくい規模のものがある。同族意識を共有する周辺集落の協力を求めなければならなかったであろう。このような作業を通して集団を統率する者の地位がさらに特別のものになっていった。

晩期には東北地方や北海道で一部の墓の副葬品が突出し、弥生時代に相当する北海道の続縄文期に受け継がれる。たとえば、常呂川《ところがわ》河口遺跡▲のある墓では、五点の土器、五〇点を越える石器と原石、一点の石偶、六連以上の首飾りになる二五〇〇粒のコハクの小玉が副葬されていた。

抜歯《ばっし》▲という健康な歯を抜く風習は中期から見られるが、縄文晩期の東海地方から瀬戸内地方では、とくに盛んになった。成人式、結婚などに際して一定の決まりで歯を抜き、大きな苦痛に耐え、外見で区別できる印を与えられることにより一人前と認められたのである。結婚に際して行なわれた抜歯は抜く歯の位置によって二種類に分けられ、その集落出身者と外部から婚入してきたものを区別する役割を持ったと考えられている。そしてその集落出身者の一部には、

▼**常呂川河口遺跡**　北海道北見市にある、縄文、続縄文、擦文《さつもん》、オホーツクの各時期にわたる大遺跡。

▼**抜歯**　健康な歯を人生の通過儀礼として抜く風習は、世界各地の未開民族に見られたが、縄文晩期の西日本ではこれが極度に発達し、さまざまな人生の節目に抜歯が行なわれた。

更に前歯に縦のフォーク状の削りこみを行なう叉状研歯《さじょうけんし》▲が施された。これこそ酋長や司祭者の特殊性と権威を目に見える形で体に刻みこむ方法であった。

このような経過から、縄文時代が進むほど少数の人が宗教的権威と指導力を強め、集団の規律が強化され、個人の自由が制限されていったことを推定することができる。縄文中期の力強く、形に一定の自由を確保していた土器作りと、工芸的には精緻《せいち》であるが、隅々まで土器型式の約束に拘束された晩期の土器の違いも、それを生み出した社会の違いを思わせる。

このような指導者、統率者の存在を越えて、縄文時代に階層があったという議論が最近流行している。しかしその議論の前提として、階層という言葉がどのような社会状況をさすのか明確に定義されなければならない。集団の統率と祭祀上の権限をもった特殊な人間がいたことが、「階層」の存在になるとは私には思えないのであるが、仮にそれを「階層」と呼ぶことを認めるとしても、弥生時代から進行する政治的権力者層の出現と権力の集中過程とは、社会構造上本質的な違いがあると考える。

▼**叉状研歯**　当該集落出身者の抜歯(上顎の犬歯二本と下顎の門歯四本を抜く)を受けた人の中に、上顎門歯に縦の刻みを加えたものがある。この加工を受けた人は数が少なく、死に際しても特別な装飾品を身につけた例があることから、酋長のような特別な身分を表示するものと考えられる。東海・近畿の晩期に見られる。

④——縄文的生活の行き詰まりと農耕への模索

安定と不安定

第②章までの記述では、部分的に停滞・衰退にふれながらも、中期に至る文化の上昇・発展の経過を中心に記述してきたため、縄文文化はすぐれて安定したものであったという印象を与えたかもしれない。市販されている縄文時代に関する本を見るとほとんどがその面ばかりを強調する書きかたであり、新聞・テレビも、一番古い、一番大きい、一番優れている発見ばかり報道するものだから、縄文文化は大自然の中で人々が自由と豊かな生活を謳歌した夢の時代というイメージが広まっている。

しかし、限られた技術で自然の生み出すものに依存した縄文文化がそのように豊かであるはずはない。今われわれの食卓に上る主食・野菜・果物の九割以上は縄文時代より後に導入されたもので、江戸時代や明治時代という近年に日本に導入されたものも多い。発掘された縄文人の骨で四〇歳以上のものは少ないし、骨の残りにくい乳幼児の死亡率を合わせて考えるなら、彼らの寿命はきわめて短いものであったと推定される。数の少ない比較的高齢の人骨の歯に注目してみよう。臼歯《きゅうし》の山がすっかり磨りへって平らになった歯は、彼らの食物がいかに硬く粗末なものであったかを理屈抜きで物語る。彼らの顎の骨が頑丈なのも、健康であったからというより、硬い食物を噛み砕く生活の中でそうなったのである。

次ページ上に埼玉・東京・神奈川で発掘された竪穴住居址の数を、所属する土器の型式ごとに数え、一〇〇年当たりの軒数に換算したグラフを示した。住居址の数はいろいろな条件、たとえば平地式のものは発見されにくいとか、一軒の居住人数も異なるなど、そのまま人口に比例するものではないが、それを考慮しても一地域の人口が大きく変動し続けたことは間違いない。もちろん周辺地域から人が大挙移住して来たり、この地域の人々がもっと恵まれた地域を見つけて移動したために増減したのだという説明も可能であろう。しかし住居址の増加する時期はだいたいにおいて周辺地域でも増加しており、ある地域の住居址が減少する時期は、そこに周辺地域の土器型式が入りこんでくることが普通で、この地域の土器型式が大挙して他の地域へ移動した例は指摘できない。

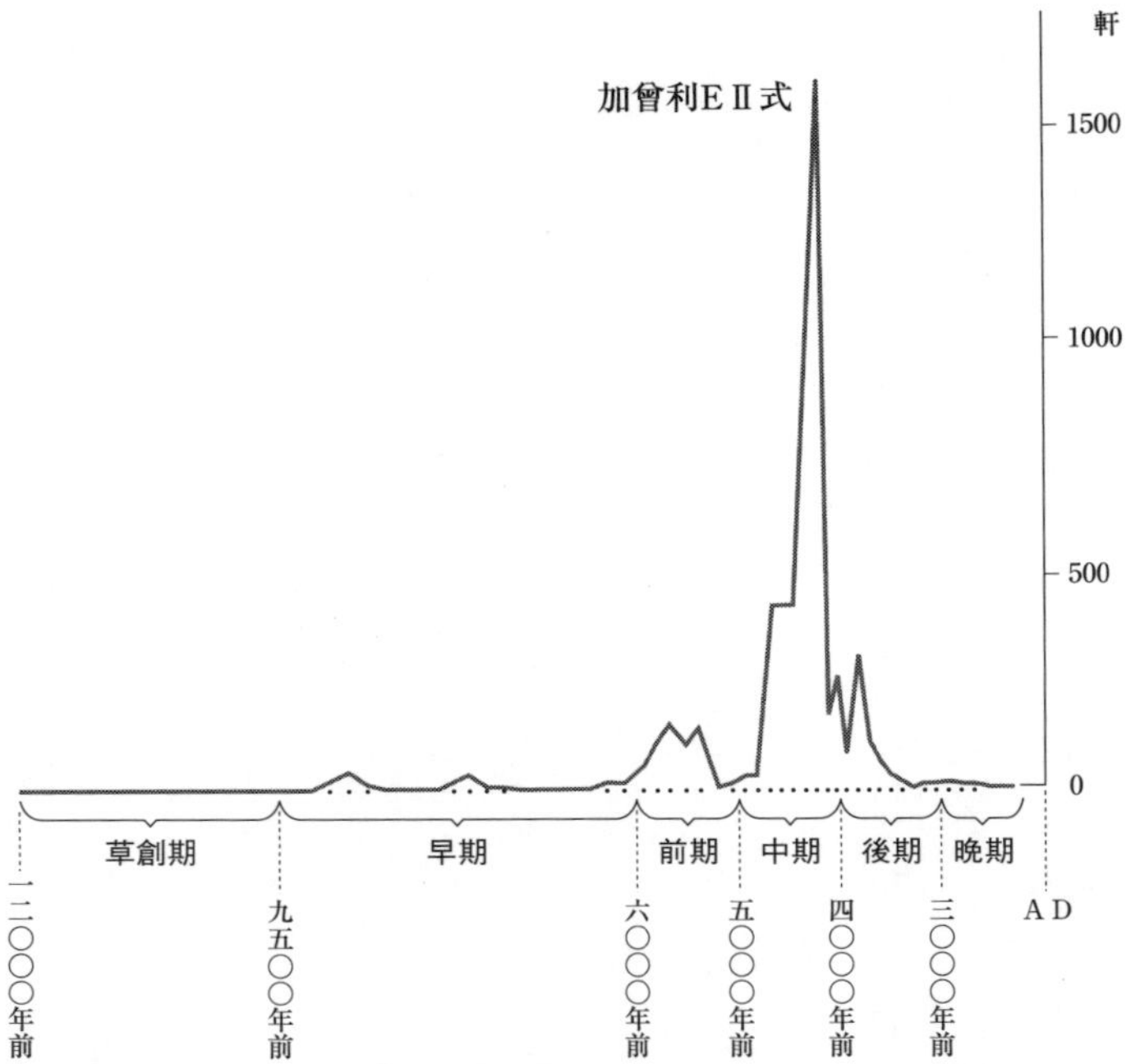

●──南西関東における住居址数の変動　100年あたり何軒発掘されているかを示す。

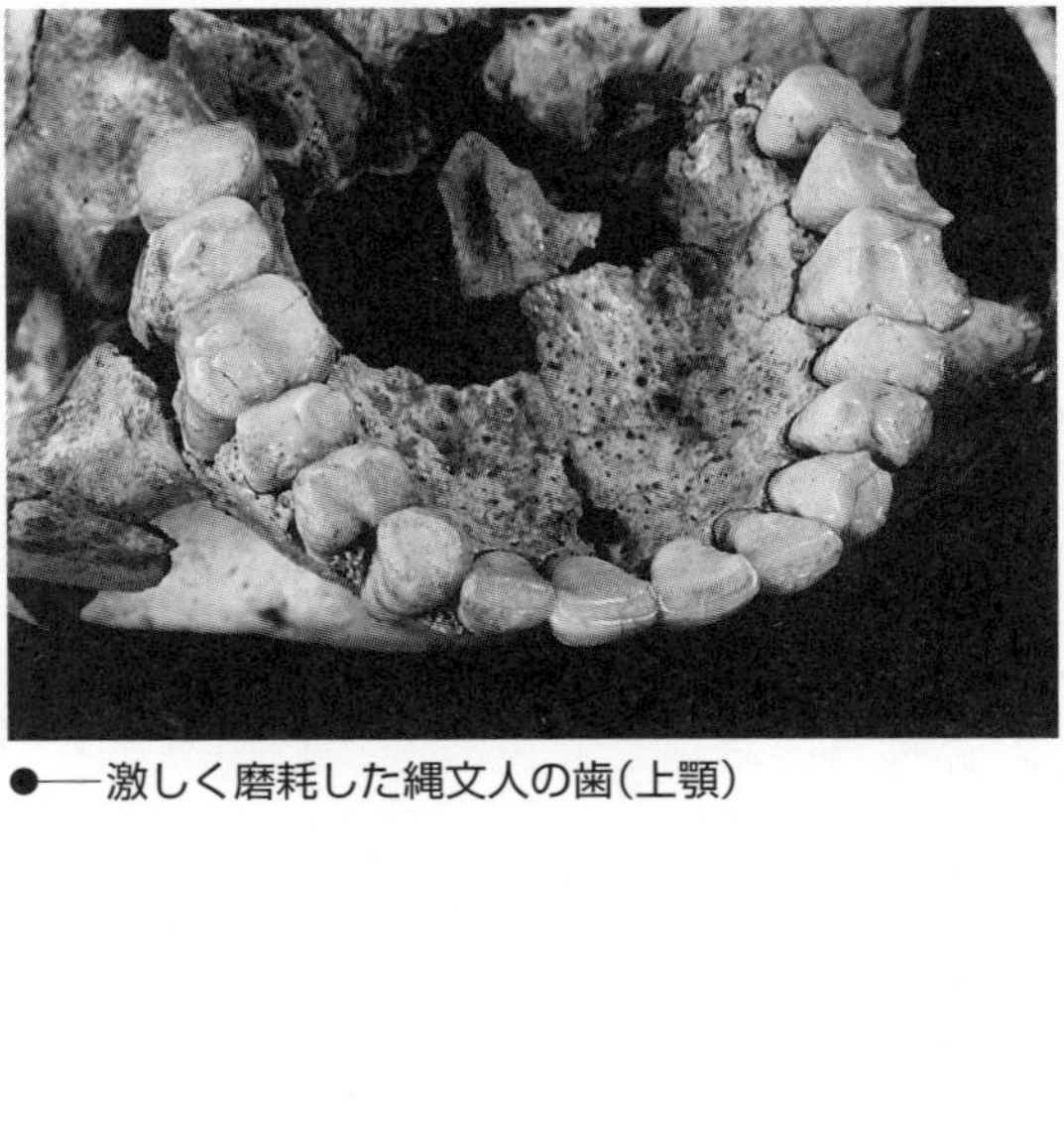

●──激しく磨耗した縄文人の歯(上顎)

だから縄文時代でも食料事情など生活条件が良くなると、現代の発展途上国に見られるような人口の急増があり、条件が悪化すると、飢饉の状況となり人口が急減したと理解すべきである。

このような衰退の典型的な例が前ページのグラフでとりあげた南関東の前期末に見られる。この時期には遺跡の数が少なくなるだけでなく、住居址が複数発掘された遺跡すら少なく、各集落の規模が極端に縮小する。もちろん人口の減少ばかりでなく、一カ所に長くとどまることが困難になり、すこしでも良いところを求めて頻繁に移動したことも原因であろう。土器型式を見ると、中部高地、北陸、関西、東北の型式が次々に侵入している。それだけ人の動きが激しかったのだ。また遺跡の立地が平坦な台地上よりも、丘陵地、山間部、外洋に面する高台などが多くなり、遺跡に残された石器に石鏃という狩猟用のものが増える。この状況はおおよそ次のように復元されよう。

衰退の基本的な原因は、おそらく一時的な環境の悪化による植物質食料の減少にある。それまでもっとも容易に大量に入手できた食料の欠乏によって、その地域の人口が減少し、残った人々は植物質食料の不足を補うため狩猟や外洋での漁労という困難度の高い生業に大きく依存せざるをえなくなり、それも適地を求めて頻繁に移動した。また全体に移動性が高く人口が希薄になったから、周辺地域の土器型式をになった人々が入って来やすくなったのであろう。

ここで注意しなければならないのは、人口と狩猟の関係である。たとえば人口が増え食料が不足したとき、狩猟によって補えばよいではないかと考える読者が多いかもしれない。しかし狩猟対象獣の数は限られているのだから、人口の多い時期に狩猟に大きく依存することは難しい。このことは縄文時代としては特別に多くの人口が集まっていた青森県三内丸山遺跡の状況が裏付ける。ここでは縄文時代に一般的な狩猟対象のシカとイノシシの骨がわずかしかなく、発掘されているのは主にウサギやムササビなど小動物なのである。三内丸山遺跡の周辺ではシカやイノシシが狩り尽くされてしまったのであろう。

関東の前期末もそうであるが、生業のうちで狩猟が大きな比率を占めたのは、この時期人口が減少したために、人間一人あたりの狩猟対象獣の数はかえって増えることになり、狩猟に大きく依存した生活が可能になったと説明できる。

衰退の時期の一例としてあげた南関東の前期末は、人の移動性の高まり、遺跡の継続性の弱まり、生業における狩猟活動の比重の高まりなど、草創期の状況に半分後戻りしたように見える。草創期と異なるのは外洋性漁労の役割だけである。縄文の繁栄を支えた最大の要素が植物質食料の豊かさであり、それが一時的に失われたとき、縄文人の生活は振りだしへ戻る様相を示したといえよう。ここに縄文文化の本質を理解する一つの手がかりがある。

もう一つの典型的な衰退の例が中期末に中部高地・関東を襲ったものである。衰退のひどさは前期末ほどではないのであるが、それまで繁栄の頂点を謳歌していただけに、その凋落《ちょうらく》ぶりが際立って見える。それはまず中部高地に起こり、その空白に関東の加曾利《かそり》E式▲末期の土器が侵入する。しかし関東も続いて衰退期に入り、集落数、規模が激減し、少し前に見られた多数の住居址が環状に分布するような大きな集落遺跡はほとんど見られなくなる。そしてそこへ西日本の中津式土器が侵入して従来の加曾利E式の系統と共存して影響しあい、称《しょう》名寺《みょうじ》式土器▲と呼ばれるものを生み出す。この出来事によって縄文後期を特徴づける磨消《すりけし》縄文▲を装飾の主体とする土器の基本が誕生しただけでなく、やはり後期の特徴である東日本と西日本の強いつながりが成立することになった。

▼**加曾利E式土器**　千葉市の加曾利貝塚E地点の土器を標識とする関東中期後半の土器型式。普通Ⅰ～Ⅳ式に細分される。

▼**称名寺式土器**　横浜市の称名寺貝塚出土土器を標識とする関東後期初頭の型式。西日本の中津式の侵入を受けて成立したが、以後関東と西日本の土器は一定の共通性を維持しながら変化することになる。

▼**磨消縄文**　全体に縄文をつけた後、沈線で文様を描き、文様外の縄文を磨り消すことにより、文様を浮き上がらせる手法。縄文後晩期に流行した。

▼**赤山遺跡**　埼玉県川口市にある後晩期の遺跡。谷あいからトチの実のアク抜き施設が発見され、以後相次ぐ。水場、アク抜き遺構発見の嚆矢となった。

近年東日本の各地で、後期以降の遺跡近くの谷あいでトチの実のアク抜きを集中的に行なった特殊な遺構が発見されている。埼玉県の赤山《あかやま》遺跡▲では、水をためるための木枠のわきにトチの実の皮が貝塚の貝のように堆積していた。トチは粒が大きく食料として有利なものであるが、シブが強く、その除去には木灰で中和させる必要がある。縄文後期の状況は、この時期にトチの実のアク抜き技術が開発されて食料事情が改善されたかに見えるが、実は前期初頭にトチの実が貯蔵穴に貯えられた例や、中期初頭の遺跡で層をなして出土した例があるので、アク抜き技術はもっと前から開発されていたと考えなければならない。その本格的な利用が後期に始まったのだと理解される。

一方中期まで多かったクリの実が大量に残された例が後期に入ると少なくなる。だからクリに加えてトチの実も利用されたというより、クリがあまり入手できなくなったので、やむなく手間がかかり味も落ちるトチの実で補わなければならなくなったらしいのだ。いったいなぜそうなったのかはよくわからない。ただ集落の周りにクリの林を増やしていけば、いくらでも食料が豊かになるという恵まれた状況に行き詰まりがおとずれたらしい。

●──埼玉県赤山遺跡のトチの実のアク抜き施設

中期末に衰退した中部高地や関東の状況も、後期の初頭を過ぎた頃に再び一定の安定をとりもどしたように見える。とくに千葉県・茨城県など内湾に恵まれた東関東では中期に匹敵する安定を示した。この時期に小規模ながら温暖な気候の復活とそれにともなう海面の上昇があったようで、これが多くの入江に恵まれたこの地域の漁労条件を好転させたらしい。しかし後期の末から晩期へと進むにつれてこの地域の遺跡数も減少していく。

西日本の後晩期

縄文後期・晩期という時期は、それまでの時期より評価の仕方が難しい。それは、この時期に工芸的なものの発達、集落間の分業体制、祭祀的な遺構・遺物の増加、墓地に見られる社会の複雑化を示す兆候など、質的な面では発達が続いているのに、日本全体として遺跡の数や規模が停滞ないし衰退している、つまり質的な面と量的な面の乖離《かいり》がはなはだしいのだ。また地域によって変化の方向が異なっている。大きくとらえて東日本では質的な発達が続くが、量的には停滞ないし衰退する、とくに中部高地や関東では顕著な衰退の方向に向かうのに対し、西日本は質的な発達は顕著でないが、量的な拡大が著しい。西日本の後期における上昇が顕著な理由の一つは、この地域の中期が長い停滞状況にあったため、後期の発展がそれだけ目立つのであろう。

この西日本後期における発展の理由として農耕の始まりを想定するのが、西日本後晩期農耕論▲である。論者によって違いはあるが、陸稲《りくとう》・雑穀《ざっこく》などの焼畑における栽培を想定する人が多い。東日本では発展と安定の著しい中期に対し、それを農耕の始まりによって説明する中期農耕論がある。どちらも同じ発想法であるが、中期の場合は膨大な遺跡・遺物があるのに確実な穀物の発見例がない。これに対し、西日本では少なくとも後期末にはコメの存在が証明されており、それだけ説得力をもっている。しかしこの場合にも発展と農耕という大枠を重ねあわせるだけでは論理的に不十分であり、文化状況を具体的に分析することから始める必要がある。

縄文後期における西日本の文化の大きな傾向は、東日本からの影響を強く受容する点にある。先ほど後期の初頭の土器について述べた東日本・西日本を横断する情報のネットワークに乗って、従来西日本には希薄であった土偶・石棒

▼**西日本後晩期農耕論**　本格的な農耕が始まる弥生時代に先だって、その成立を導く原始的農耕が西日本に存在したことを想定する。内的発展を重視する歴史学者藤間生大氏によって理念的に提唱され、多くの考古学者によって継承された。

など東日本の呪術的道具が広がる。土器における浅鉢や注口《ちゅうこう》土器▲もそうであるし、生業面では、東日本の中期に大量に用いられた土掘り具である打製石斧が西日本、とくに中部九州に広がった。そこでは遺跡規模の増大が顕著である。

西日本の後期後半に見られる土器の黒色磨研《こくしょくまけん》▲の傾向に対し、中国竜山文化の黒陶の影響を想定する人もいるが、それとは年代が異なり、器形の類似性はまったくない。黒色磨研という類似性は表面的なことで、基本的な器形とその組み合わせは西日本後期の初めの土器から少しも外れるものではない。

要するにこの時期の文化の基本的な流れは、東から西であり、大陸から日本ではないのである。

西日本後晩期農耕論が重要なのは、これを縄文の狩猟採集段階と弥生の本格的農耕段階の中間に置き、縄文から弥生への移行を、なだらかで漸位的な変化として捉えようとする点にある。従来のように縄文と弥生を対照的なものとして捉えることに疑問が投げかけられ、両者の本質的な違いが問いなおされているといってよい。確かに後期にコメの存在が確認された以上、縄文時代と弥生時代を、栽培あるいは農耕の有無で単純に区別する従来の区分法は成り立たな

▼注口土器　液体を注ぎ出す口をもつ土器で、前期や中期にもあるが、後晩期には現在の土瓶のような形になり、東日本に安定した器種として存在した。

▼黒色磨研　成形後よく研磨した土器を還元炎の煙の中で黒色に焼き上げたもの。西日本の土器は文様が少ないため黒色磨研の傾向がめだつが、東日本の後晩期の土器も黒色磨研の傾向が強い。

くなっている。しかしそれをもってすぐに縄文と弥生の間に本質的違いはない、ひとつながりの文化の、程度の差であるというのは早急に過ぎる。

この問題の第一のポイントは、西日本後期にコメあるいはその他の穀物が果たした役割をどう評価するかにある。しかしその前に、個々の穀物の証拠とされるものの信頼性を検証するという技術的に難しい作業が存在する。

稲作の証拠としてあげられているのは、コメそのものの遺存体や土器の表面に残された籾《もみ》の圧痕、プラントオパール▲というイネ科植物の葉の中に含まれる微細な物質である。遺跡の地層からコメが出土したといっても、後の時代のものがモグラの穴や木の根による撹乱によって入りこんだ可能性は排除できない。プラントオパールのような微細な物質ではいっそうその危険が大きい。型式の確かな土器の表面に残る籾の圧痕は証拠として確実であるが、土器の粘土の中に混じっていた微細な物質が顕微鏡下で認められたという観察者の主張は取り扱いが難しい。そしてその難しい判断を認めるか否かによって、縄文のコメがどこまでさかのぼるかという大問題が左右されてしまうのである。

いろいろ可能性を言い出すときりがないので、私は次のように考えることに

▼プラントオパール　イネ科植物の葉などの中に含まれる珪酸質の物質。植物種ごとに独自の形を持つので顕微鏡下で分類できる。分解しにくい物質で、水田の跡の土壌には大量のイネのプラントオパールが含まれ、稲作の跡を知る手段として力を発揮している。

している。プラントオパールによる稲作の追跡は、岡山県の中期の姫笹原《ひめささはら》遺跡、さらに前期の朝寝鼻《あさねばな》遺跡へとさかのぼった。しかし瀬戸内の前期・中期はひいき目にも生活が安定していたとは言えない。だからこのプラントオパールが当時のイネ存在の証拠になるなら、コメは存在するだけでは生活の安定に大きな寄与をしなかったことになる。

一方、このプラントオパールによる認定には疑問があると判断し、土器表面の圧痕を確実な証拠として採用すると、コメが存在したことが認められるのは後期末の岡山県南溝手遺跡例からということになる(この土器はその後弥生早期に属すると同定が変更された。二〇一九年今村記)。しかし西日本の後期の上昇は後期の初め頃から始まっており、中頃にはとくに中部九州で遺跡の増加、規模の増大が著しい。繁栄はコメの出現以前に起こったことになるし、この地域が晩期に入って一転衰退に向かうことも無視できない。

以上から導かれる私の結論は、縄文時代、少なくとも後期末にコメがあったことは認められるが、それが西日本後期の上昇の原因とは認め難いということである。すぐ後で論ずるように、コメはどのように運用されるかが問題で、そ

▼炭素同位体の分析　炭素には原子量一二の普通の原子(^{12}C)のほかに原子量一三の同位体(^{13}C)がある(他に原子量一四の放射性炭素^{14}Cがある)。植物の炭酸同化作用には三種類があり、アワ・ヒエなどC４植物(炭酸同化作用の方式による植物の分類)では、食用植物の大多数を占めるC３植物とは吸収する^{13}Cの比率が異なる。このためアワ・ヒエを大量に摂取した人は、骨を構成する炭素中の^{13}Cの比率が変わることになる。

れが存在するだけでは経済的な力になりえないのである。またアワ・ヒエなどの雑穀は、これを大量に摂取すると骨を構成する炭素の同位体組成が変わるはずであるが、分析でそのような結果が認められたことはない。

弥生時代の開始

紀元前五〇〇〜四〇〇年頃、北九州に上陸した朝鮮からの農耕文化の急激な影響によって、西日本は弥生時代に移行する。弥生早期である。石包丁《いしぼうちょう》、抉《えぐり》入片刃《いりかたば》石斧など大陸系磨製石器が一挙に導入された。鉄器が存在したことも確認されている。弥生土器の成立にかかわった大陸の影響の大きさについて意見は分かれるが、縄文時代とは別の器種の組み合わせからなる弥生土器がこの時期に成立の動きを示すこと、そこに大陸の影響があることは意見が一致する。水路によって灌漑し、湛水、落水のコントロールのできる完成した形の水田がこの時期から現れ、以後多数の水田遺跡が発掘されている。思想的には朝鮮系の墓制である支石墓《しせきぼ》の存在が古くから知られている。そしてこれ以後弥生化した地域において急激に遺跡の数が増え始め、遺跡の規模が拡大する。本格

▼**大陸系磨製石器**　弥生時代が開始される前後の時期に朝鮮半島には存在したが、日本の縄文時代には見られなかった種類の石器。稲作技術とともに伝播し、日本の弥生文化の要素となった。

▼**支石墓**　大陸起源の墓制で、墓の上に大きな石を置く。その石の支えとして板状の石を立てて置くテーブル形と丸い支石を置く碁盤形に分かれ、前者は中国東北部や朝鮮北部に、後者は朝鮮南部に多い。日本には弥生早期に碁盤形が伝来し、西北九州に分布した。

的な食料の生産が開始されたあかしである。

確かにコメの存否で縄文と弥生の間に明確な線を引くことはできなくなったが、弥生時代の始まりはかくも明確である。

縄文時代にも食料の生産はあった。しかしそれはエゴマ、リョクトウなど経済的重要性が大きいとはいえない植物の、おそらく粗放な栽培であった。おそくとも後期末にはコメが伝えられていたが、それが経済的に大きな役割を果たしたとは考えられないこともすでに論じた。

縄文時代の場合、経済的に重要であったのは、クリ林の人為的拡大など、集落周辺の自然の改良であって、それは縄文の生活安定に大きく寄与したが、そこからの収穫は自然物の採集と同じようなものであった。

これに対し、弥生時代の水稲耕作は、水田を開拓し、水路によって水を引き、井堰《いせき》と水口《みなくち》によって湛水、落水を切りかえ、耕起、田植え、除草によって栽培対象植物を管理するシステムであって、そのために大量の労働力を投入する。いわば労働力を生産に転化するのである。そうであるからこそ、弥生時代に入って、生産の増加→人口の増加→労働力の増加→生産の増加というサイクルにスイッチが入り、日本の社会を根本から変化させ続けていくことになったのである。弥生時代にはコメばかりでなくムギやアワなどの作物も栽培され、ブタの飼育も始まっていた。しかしその中心にあったのはこのような水稲農耕の生産性の高さであった。

日本の歴史を転換させた稲作を、日本の気候条件と歴史の中に位置付けるうえで注意すべき点がある。コメは穀物であることにおいてムギやアワと同じであるが、ムギやアワが比較的乾燥した草原環境に生育するのに対し、イネは湿潤な気候を要求する点において森林と同じなのである。イネが森林の中で生育するわけではないが、イネは森林が生育するのと同じ気候条件を必要とする植物である。縄文から弥生への転換は、自然の営みに従う植物利用から、大量の労働力の投入による管理的な植物利用への転換であったが、実はどちらも森林環境という日本の自然条件に対する適応として共通する。縄文と弥生は、同じ日本の自然条件に対する、二つの対照的な方向での適応であったといえよう。

縄文文化が日本の自然に対し非常にうまく適応していたことは、それが一万年の長さにわたって維持されたことが物語る。その適応レベルを越えることに成功したのが、対照的な方法で日本の自然に適応した弥生の生産様式であった。そしてそれは弥生時代に限らず、その後の歴史的日本（ヤマト）における食料生産の中核に位置し、日本文化、日本民族、日本国の範囲をも規定することになったことを次に見る。

縄文文化以後の日本列島

縄文時代から弥生時代への移行は、生産様式の大転換という大きな変化であったが、文化の担い手▲がまったく入れ替わってしまったわけではないから、縄文の伝統がすぐに消えたわけではない。各地の土器の文様にはその地域ごとに縄文と弥生の間でつながりが見られるし、縄文の打製石器のほか、狩猟、漁労の道具と方法などは縄文の伝統を多く引き継いだ。

地域的に俯瞰《ふかん》すると、変化の程度は北九州でもっとも早く強い。弥生文化形成の主原因となった朝鮮半島から文化と人が渡来した地であるためである。おおまかにいってそこから離れるほど縄文文化の伝統が強く残った。関東・東北では弥生時代になっても、土器の表面に縄文土器以来の縄文という縄を用いる

▼**文化の担い手**　縄文人と弥生人、現代日本人の遺伝的関係についてはさまざまな説があるが、近年の人類学では弥生時代以後、大陸系の遺伝子が相当に入り、縄文人と大きく変わったとする説が強い。これに対し考古学者は縄文と弥生の物質文化におけるつながりを重視し、縄文と弥生の間では大きな人種的交替はなかったとみる人が多い。

装飾が用いられた。そこでは実用的な鉄器は導入されたが、祭器としての青銅器はほとんど用いられなかった。

そして津軽海峡を越えた北海道では、弥生文化の基盤である稲作が伝播しなかったために、縄文文化そのものといってよい文化が継続することになった。この「続縄文《ぞくじょうもん》」と呼ばれる文化は、狩猟・採集・漁労を経済基盤とする点で縄文と共通する。四、五世紀に政治的統合をともなって東北地方の真中あたりまで及んだ古墳文化も、それより北の地域には間接的な影響を及ぼしただけで、そこにはしだいに蝦夷▲と呼ばれる人たちの文化が形成されてくることになった。北海道では七、八世紀頃に本州の律令時代の文化の影響を受けて、土器の形や住居の形が大きく変わり、雑穀の栽培も行なわれるようになったが、依然としてサケなどの漁労と狩猟も重要であった。これを擦文《さつもん》文化▲と呼ぶ。

これとほぼ並行する形で北部と東部のオホーツク海に面する地域を中心に、独特のオホーツク文化▲が展開する。樺太方面から南下した漁労と海棲獣の狩猟を主要な生業とした人たちの文化と考えられている。その伝統も取りこんでアイヌと呼ばれる人たちの文化が生まれたと推定されている。アイヌの時代には

▼蝦夷　古代の東北から北海道に居住し大和朝廷に服属しなかった人々を蝦夷と呼んだ。蝦夷とアイヌの関係については諸説あるが、イコールとは言えなくても大きく重なるという意見が強い。

▼擦文文化　土器の表面に刷毛《はけ》のような道具(割った板の先)でこすった跡が見られるものが多いためこの名称がついた。器形には内地の土師器《はじき》の影響が強いが、土師器と違って文様をもつものが多い。鉄器を用い、方形プランで、かまどをもつ住居なども内地の影響である。

▼オホーツク文化　擦文文化に遅れて北海道でもオホーツク海沿岸に限って分布した独特の文化。海獣狩猟と漁労が生業の中心で、鉄器のほかにも石器が多く用いられ、骨角器が発達したことは擦文文化と異なる。やがて擦文文化と融合したと考えられている。

竪穴住居やそれまでの形の土器が作られなくなり、日本内地との交易が重要になった。

一方、目を転じて沖縄を見ると、そこでも弥生文化が受け入れられず縄文の伝統の強い文化が残り、それが独自の変化をして貝塚時代後期文化▲を形成した。独自の文化が形成された背景のひとつは、北海道と同様に稲作の受容が遅れたことにあるらしい。温暖であるにもかかわらず沖縄で稲作の受容が遅れたのは、初期の技術で水田として利用可能な沖積地が乏しいこと、水田に灌漑するための適当な河川にも乏しいことが最大の原因であろう。沖縄でも内地の古墳文化の影響は微弱であった。そして日本の中世にあたる時期になると、稲作・畑作・ウシの牧畜を経済基盤として豪族が育ってくる。日本・朝鮮・中国・東南アジアを結ぶ仲介貿易の重要性が増した。その中から強大になった中山《ちゅうざん》王朝が統一を果たし、琉球王国を築いたのは十五世紀のことである。

このように見ると、弥生時代に水稲耕作が広がり、基本的生業として定着した地域が、前方後円墳という共通した型式の墳墓を作り、豪族たちが政治的に結合した地域にほぼ重なっている。律令国家が統治した範囲もこれに重なる。

▼**貝塚時代後期文化**　貝塚時代前期文化を沖縄における縄文文化の地域的形態ととらえることが普通であるのに対して、貝塚時代後期は内地の弥生時代以後に相当し、文化は独自の方向に進んだ。

このような経過を通してヤマトすなわち歴史的日本の範囲が決まり、その対置の形勢の中から日本、アイヌ、琉球という民族意識の違いが育っていった。

人類学の研究▲によると、朝鮮からの渡来人の遺伝子によって縄文の遺伝子が弱められた西日本から離れるほど、縄文人の遺伝子による身体形質が強く残ったという。とくに沖縄ではその要素がかなり強く、北海道のアイヌの間ではもっと強く残ったとされる。

現在の日本国の範囲は、ほぼ縄文文化が広がった範囲に一致している。しかし歴史的にみると、それは江戸時代における日本の影響力の拡大と明治初期における北海道、沖縄の領有という比較的新しい出来事によって形成されたもので、歴史的日本の範囲は縄文文化の範囲よりずっと狭くなり、江戸・明治における拡大まで狭い状態が続いてきた。この狭くなるきっかけは、縄文から弥生への移行時における日本列島文化の三分に行きつくのである。

歴史的日本の範囲を越え、日本列島の住民と文化の歴史をきちんと整理してとらえようとするとき、基本的な下地として縄文文化の広がりから見ていく必要があることが了解されよう。

▼**人類学の研究**　内地の日本人をはさんでアイヌと沖縄の人たちが人種的に近いという観察は明治時代のミルンらにあったが、近年は埴原和郎氏がデータを整え「二重構造論」として主張している。しかしアイヌと沖縄の人の形質が近いというのは、計測法の不一致から生じた誤解であると最近百々幸雄氏が論じている。

●—図版所蔵・出典一覧(敬称略)

カバー表　東京都北区教育委員会
カバー裏　弘前市立博物館
扉　御坂町教育委員会
p.3上 W. Dansgaard *et al.*, "Climatic record revealed by the Camp Century ice core", K. K. Turekian ed., *The Late Cenozoic Glacial Ages*, Yale University Press, 1971.
p.3下 M. Stuiver *et al.*, "INTCAL 98 Radiocarbon age calibration, 24,000-Ocal BP", *Radiocarbon*, Vol.40 No. 3, 1998.
p.13　大貫静夫「東アジアの土器の出現」『縄文世界の一万年』集英社, 1999年
p.18　東京都教育委員会
p.23上　鹿児島県立埋蔵文化財センター
p.23中　加世田市教育委員会
p.23下　鹿児島市立ふるさと考古歴史館・南日本新聞社『縄文グラフ 発掘!!上野原遺跡』
p.28上　松島義章「貝からみた古環境の変遷」『新しい研究法は考古学になにをもたらしたか』クバプロ, 1989年
p.28下　江坂輝爾「自然環境の変化」『古代史発掘2』講談社, 1973より編集・作成
p.33上左・下左　青森県教育庁文化財保護課三内丸山遺跡対策室
p.33上右　『縄文文化の扉を開く』国立歴史民俗博物館, 2001年
p.33下右　『三内丸山遺跡Ⅵ』青森県教育委員会, 1995年
p.37上右　十日町市博物館
p.37上左　東京国立博物館
p.37下右　井戸尻考古館
p.37下左　北橘村教育委員会
p.43　著者
p.45　東北大学文学研究科・『古代史復元3』講談社, 1988年
p.51上　渋谷文雄「竪穴住居址の小柱穴位置について」『松戸市博物館紀要5号』
p.51下　小島俊彰「富山県不動堂遺跡」『日本考古学年報26』1975年
p.53　佐々木勝ほか『東北新幹線関係埋蔵文化財調査報告書Ⅶ(西田遺跡)』岩手県教育委員会, 1980年
p.59　『図解　日本の人類遺跡』東京大学出版会, 1992年
p.64上　北海道立埋蔵文化財センター
p.64下　『大湯環状列石周辺遺跡発掘調査報告書』鹿角市教育委員会, 1989年
p.67　『縄文時代研究事典』東京堂出版より, 橋本哲作画
p.78上　著者『住の考古学』同成社, 1997年
p.78下　海部陽介
p.83　川口市遺跡調査会
製図:曾根田栄夫

今村啓爾「稲作と日本文化の形成」『東京大学公開講座61　コメ』東京大学出版会, 1995年
『季刊考古学55号　特集　縄文人の生業と集団組織』1996年

環境と適応

前田保夫『縄文の海と森』蒼樹書房, 1980年
西田正規『縄文の生態史観』UP考古学選書13, 東京大学出版会, 1989年
今村啓爾「狩猟採集経済の日本的性格」『新版古代の日本１　古代史総論』角川書店, 1993年
辻誠一郎「日本列島の環境史」『日本の時代史 1　倭国誕生』吉川弘文館, 2002年

縄文人

埴原和郎『日本人の成り立ち』人文書院, 1995年

論集・諸テーマ

『縄文文化の研究』１～10, 雄山閣, 1982～83年
小野昭・春成秀爾・小田静夫編『図解・日本の人類遺跡』東京大学出版会, 1992年
鈴木公雄・石川日出志編『新視点日本の歴史　原始編』新人物往来社, 1993年
小林達雄編『縄文学の世界』朝日新聞社, 1999年
林謙作『縄文社会の考古学』同成社, 2001年
安斉正人編『縄文社会論(上・下)』同成社, 2002年

事典

戸沢充則編『縄文時代研究事典』東京堂出版, 1994年

●―参考文献

概説

佐原真『大系日本の歴史１　日本人の誕生』小学館, 1987年
泉拓良編『歴史発掘２　縄文土器出現』講談社, 1996年
小林達雄『縄文人の世界』朝日選書557, 1996年
勅使河原彰『縄文文化』新日本選書488, 1998年
『季刊考古学64号　特集　解明すすむ縄文文化の実像』1998年
今村啓爾『縄文の実像を求めて』吉川弘文館, 1999年
泉拓良・西田泰民編『縄文世界の一万年』集英社, 1999年
国立歴史民俗博物館『縄文文化の扉を開く』2001年
泉拓良「縄文文化論」『日本の時代史１　倭国誕生』吉川弘文館, 2002年

縄文文化の位置付け

藤本強『もう二つの日本文化』UP 考古学選書２, 東京大学出版会, 1988年
『季刊考古学38号　特集　アジアのなかの縄文文化』1992年
今村啓爾「日本列島の新石器時代」『日本史講座１』東京大学出版会, 2003年

器物

大竹憲治『骨角器』考古学ライブラリー53, ニューサイエンス社, 1989年
『季刊考古学30号　特集　縄文土偶の世界』1990年
『季刊考古学32号　特集　古代の住居』1990年
小林達雄『縄文土器の研究』小学館, 1994年
藤沼邦彦『歴史発掘３　縄文の土偶』講談社, 1997年
春成秀爾『歴史発掘４　古代の装い』講談社, 1997年

遺跡

戸沢充則・潮見浩編『探訪縄文の遺跡東日本編・西日本編』有斐閣, 1985年
鈴木公雄『貝塚の考古学』UP 考古学選書５, 東京大学出版会, 1989年
『季刊考古学41号　特集　貝塚が語る縄文文化』1992年
『季刊考古学44号　特集　縄文時代の家と集落』1993年

生業

渡辺誠『縄文時代の漁業』雄山閣考古学選書７, 1975年
渡辺誠『縄文時代の植物食』雄山閣考古学選書13, 1984年
『季刊考古学25号　特集　縄文・弥生の漁撈文化』1988年

日本史リブレット 2
縄《じょうもん》文の豊《ゆた》かさと限界《げんかい》

2002年11月25日　1版1刷　発行
2022年7月31日　1版8刷　発行

著者：今村啓爾《いまむらけいじ》

発行者：野澤武史

発行所：株式会社 山川出版社

〒101－0047　東京都千代田区内神田1－13－13
電話　03(3293)8131(営業)
03(3293)8135(編集)
https://www.yamakawa.co.jp/
振替　00120-9-43993

印刷所：明和印刷株式会社

製本所：株式会社 ブロケード

装幀：菊地信義

Printed in Japan ISBN 978-4-634-54020-0

日本史リブレット　第Ⅰ期［68巻］・第Ⅱ期［33巻］　全101巻

1 旧石器時代の社会と文化
2 縄文の豊かさと限界
3 弥生の村
4 古墳とその時代
5 大王と地方豪族
6 藤原京の形成
7 古代都市平城京の世界
8 古代の地方官衙と社会
9 漢字文化の成り立ちと展開
10 平安京の暮らしと行政
11 蝦夷の地と古代国家
12 受領と地方社会
13 出雲国風土記と古代遺跡
14 東アジア世界と古代の日本
15 地下から出土した文字
16 古代・中世の女性と仏教
17 古代寺院の成立と展開
18 都市平泉の遺産
19 中世に国家はあったか
20 中世の家と性
21 武家の古都、鎌倉
22 中世の天皇観
23 環境歴史学とはなにか
24 武士と荘園支配
25 中世のみちと都市
26 戦国時代、村と町のかたち
27 破産者たちの中世
28 境界をまたぐ人びと
29 石造物が語る中世職能集団
30 中世の日記の世界
31 板碑と石塔の祈り
32 中世の神と仏
33 中世社会と現代
34 秀吉の朝鮮侵略
35 町屋と町並み
36 江戸幕府と朝廷
37 キリシタン禁制と民衆の宗教
38 慶安の触書は出されたか
39 近世村人のライフサイクル
40 都市大坂と非人
41 対馬からみた日朝関係
42 琉球の王権とグスク
43 琉球と日本・中国
44 描かれた近世都市
45 武家奉公人と労働社会
46 天文方と陰陽道
47 海の道、川の道
48 近世の三大改革
49 八州廻りと博徒
50 アイヌ民族の軌跡
51 錦絵を読む
52 草山の語る近世
53 21世紀の「江戸」
54 近代歌謡の軌跡
55 日本近代漫画の誕生
56 海を渡った日本人
57 近代日本とアイヌ社会
58 スポーツと政治
59 近代化の旗手、鉄道
60 情報化と国家・企業
61 民衆宗教と国家神道
62 日本社会保険の成立
63 歴史としての環境問題
64 近代日本の海外学術調査
65 戦争と知識人
66 現代日本と沖縄
67 新安保体制下の日米関係
68 戦後補償から考える日本とアジア
69 遺跡からみた古代の駅家
70 古代の日本と加耶
71 飛鳥の宮と寺
72 古代東国の石碑
73 律令制とはなにか
74 正倉院宝物の世界
75 日宋貿易と「硫黄の道」
76 荘園絵図が語る古代・中世
77 対馬と海峡の中世史
78 中世の書物と学問
79 史料としての猫絵
80 寺社と芸能の中世
81 一揆の世界と法
82 戦国時代の天皇
83 日本史のなかの戦国時代
84 兵と農の分離
85 江戸時代のお触れ
86 江戸時代の神社
87 大名屋敷と江戸遺跡
88 近世商人と市場
89 近世鉱山をささえた人びと
90 「資源繁殖の時代」と日本の漁業
91 江戸の浄瑠璃文化
92 江戸時代の老いと看取り
93 近世の淀川治水
94 日本民俗学の開拓者たち
95 軍用地と都市・民衆
96 感染症の近代史
97 陵墓と文化財の近代
98 徳富蘇峰と大日本言論報国会
99 労働力動員と強制連行
100 科学技術政策
101 占領・復興期の日米関係